土を使わないから
虫もわかない!

土を使わない
安心・安全な水耕栽培

だれでも簡単、40種類以上!

おうちで とれたて野菜

河村毱子　著
伊藤龍三　監修

ほぼ一年中、
収穫できる!

せまいスペースでも
すぐに
はじめられる!

河出書房新社

水耕栽培に出会って12年が経とうとしています。きっかけは新聞で、土を使わず、わずかなスペースでレタスが年中栽培できるという記事を見つけたことでした。これこそ私が求めていたものだと飛びつき、以来のめり込んでいます。

それまで水耕栽培のミツバやサラダほうれん草を見つけても、だれかが作った野菜としか思いませんでしたが、この栽培をはじめてみると、店頭に並んでいる多くの野菜が自分で栽培できることがわかりました。失敗もありましたが、一年中家に溢れている野菜の緑を眺めるだけで癒され、喜びが湧いてきます。

水耕栽培は難しい？　いえいえ、そんなことはありません。素人の私でも年に数十種類の野菜を栽培することができているのです。毎日おいしい無農薬の野菜が食卓に上るのは楽しみなこと。そして野菜嫌いの孫が市販の野菜よりおいしいと言って食べてくれるのは本当に嬉しいことです。

材料のほとんどが100円ショップやホームセンターで揃えられるだけでなく、土を使わないから女の私でも重くないし、扱いも楽。なによりも根や葉の生長を目で見るのはわくわくします。

もちろん、栽培する環境によっては不向きの野菜もあります。たとえ発芽しなくても、再チャレンジすることは簡単ですし、自分の環境に合った野菜を考え見つけていくのも楽しみのひとつです。

これまで70品目の野菜を栽培してきました。今は家族が好み、自宅環境に適した野菜を中心に、約50品目の栽培をおこなっています。季節を問わず栽培できますから、この12年間レタス類、漬け菜類、ハーブ類、葉ねぎなどの香味野菜は買わない生活になっています。

まずは水耕栽培の基本で簡単なレタス類、葉ねぎから。楽しみながら安心・安全な無農薬の野菜を食べる生活を、あなたもはじめてみませんか。

2020年7月吉日　　河村毬子

種と発芽・生長のための三要素

水耕栽培においても、光、温度、湿度があれば、
種が発芽、生長します。
しかし一日中光（陽射し）が必要ということはなく、
温度も厳密なものではありません。
ここが土栽培と大きく違うところです。

湿度

液肥さえトレーに入っていれば湿度は問題になりません。

光（陽射し）

陽射しは一日中なくても大丈夫です。およそ3時間の陽射しがあれば、トマト、ナスなどを除き、ほとんどの野菜は生長します。室内の窓際でも、あまり陽が入ってこないベランダでも、この3時間の陽射しさえ確保できればOKです。気をつけたいのは、移植直後には強い陽射しを避ける、ということです。苗をいたわるつもりで一晩は陽の当たらない場所に置き、翌朝、太陽の光を当てるようにしましょう。

種

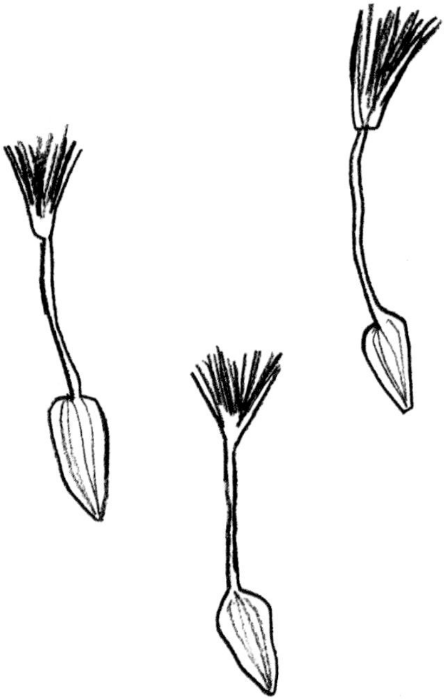

大きな人や小さな人、太った人や痩せた人がいるように、種にも違いがあります。レタス類やねぎを除き、葉菜類の種の大きさの違いはかんたんに区別がつきます。小さな種は小さな苗にしか育たないので、袋から種を平皿に移し、種の中からなるべく大きなものを選んでください。残った種は、そのまま室内に放置すると１年もちません（発芽率が悪くなります）。買った日付を種袋に記載し、密閉容器に入れて冷蔵庫で保管すれば、購入日から約２年間は発芽率が変わりません。３年目になると発芽率が悪くなってきますが、多めにまけば同じように栽培できます。最近、ホームセンターで種の数が少ないパックを売っています。当然値段も安く、無駄がなくなります。

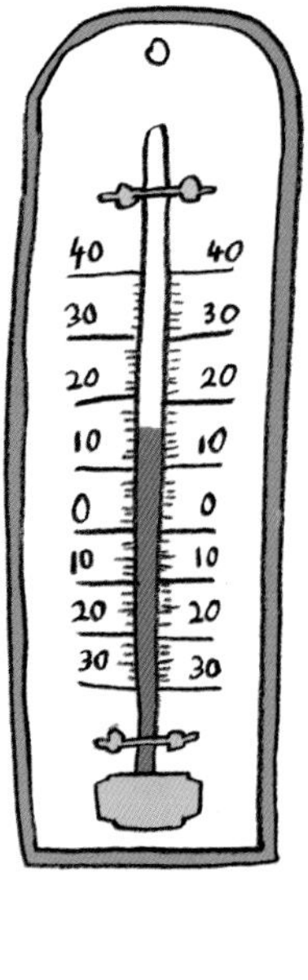

温度

15～25℃で栽培する野菜が多く、寒すぎても暑すぎても、植物の生長は抑えられます。真夏でも真冬でも栽培は可能ですが、徒長（茎が伸びること）しやすくなり、収穫日数が短くなっていきます。真夏と真冬に収穫する場合を想定して、春は６月、秋は10月までに種まきを終えるようにするとよいでしょう。

だれでも簡単、40種類以上！

おうちでとれたて野菜

はじめてでも簡単！ 水耕栽培の基本

＊本書に出てくる〝栽培した品種〟の中には、2020年8月現在、メーカーによっては販売されていないものもあります。

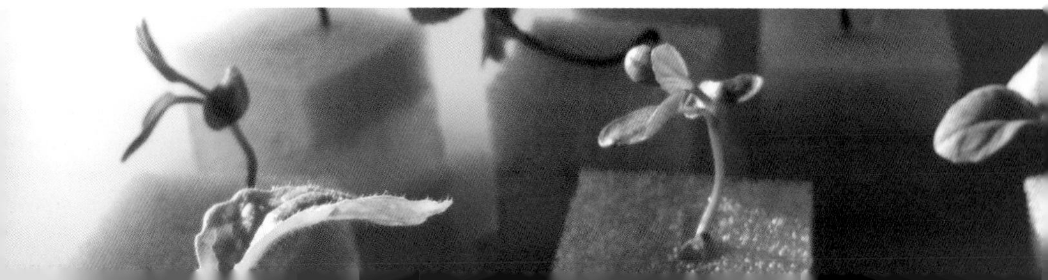

毎日とれたてのみずみずしさ、葉菜類

すずなりの幸せ、花蕾類
根の力強さをいただく、根菜類

料理にスパイス、香味野菜類
心も癒される、ハーブ類

はじめてでも簡単!

水耕栽培の基本

100円ショップで揃えられる
安価な素材を使って野菜を育てましょう。
発芽したときの感激、収穫するときの喜び。しかも、安全・安心。
基本を押さえてしまえば、おうちが野菜畑に早変わり!

プラコップを使って
レタス(サニーレタス)を育てる

お茶パックを使って
葉ねぎを育てる

ヨーグルトパックを使って
いんげん豆を育てる

洗濯バサミ入れを使って
にんじんを育てる

プラコップを使ってレタス（サニーレタス）を育てる

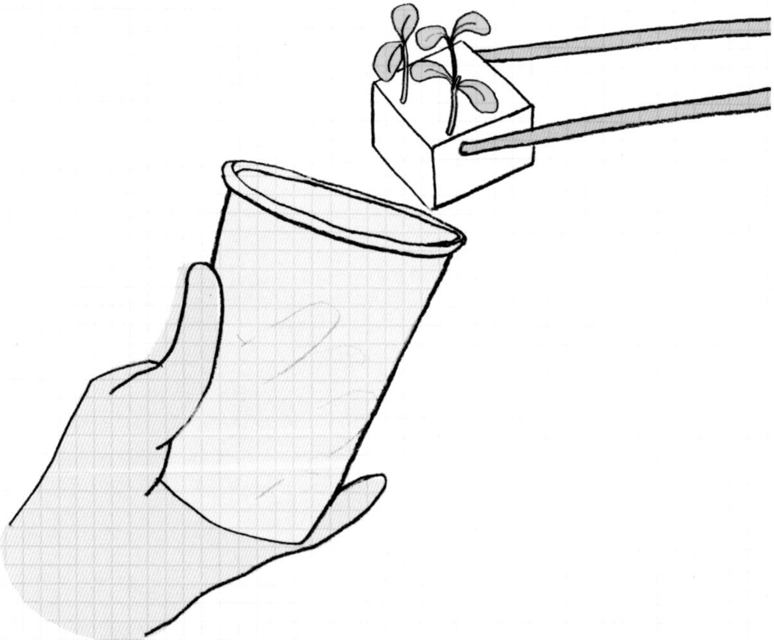

Data

科	：キク科
原産地	：地中海沿岸から西アジア
発芽適温	：15～20℃
栄養成分	：カロチン、ビタミンCなどのビタミン類、カルシウム、鉄分やカリウム、食物繊維などを含んでいます。

栽培した品種：レッドファイヤー（タキイ種苗）

レタス

水耕栽培の基本となるのがレタス栽培です。何種類かのレタスを時間差で栽培すれば、レタス類は買わなくてもよい生活になります。私も、レタス栽培をはじめてからおよそ4年間、購入していません。夏場と真冬を除いて種まき可能で、どの季節にもきれいな緑色を見せてくれます。プラコップを使う栽培方法が最も手軽で、種まきから初収穫まで早くておよそ50日、平均すると60日です。その後、撤収（栽培終了）まで4〜6か月の収穫が続きます。ここでは、サラダや肉料理の彩りによく使われるサニーレタスを使ってプラコップ栽培法を紹介します。葉の赤い色はアントシアニンによるもの。緑色の中に赤が混ざるのを見ると新鮮味を覚え、なんだかほっとします。苦労なく栽培できるので、いつも1種類あると便利です。

種まき

真夏と真冬を除いて可能。
スポンジに2粒まきます。

準備するもの

種……10〜15粒

スポンジ……2.5㎝角5個
（キッチン用スポンジで構いません。私は水耕栽培ブログ「いつでもレタス」〈巻末ページ参照〉がネット上で販売している水耕栽培用スポンジを利用しています）

シングルトイレットペーパー……少量

ピンセット……1本
（種をつまむので先端が細いもの。なければ竹串）

注射筒もしくはスポイト

容器
（写真のように豆腐パック、450gのヨーグルトパックのふたなど、いつもスポンジが湿っているように、スポンジの半分くらいまで水が入る容器であればなんでも結構です）

ネームプレート
（なければ、水に濡れても大丈夫な薄い板状のもの）

カッター
（キッチン用スポンジを使う場合）

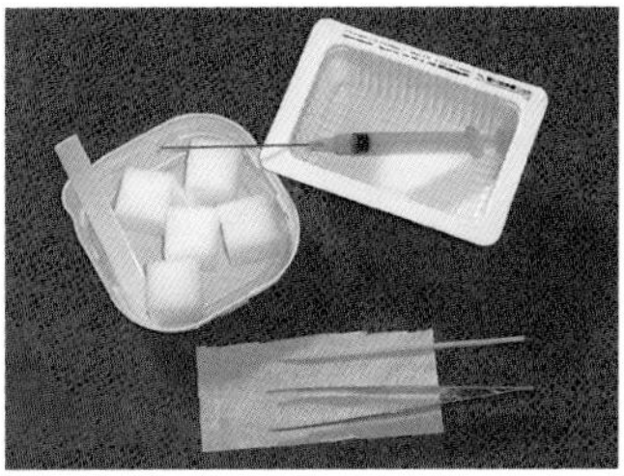

容器は豆腐パック、ヨーグルトパックのふたなどなんでも利用できます。

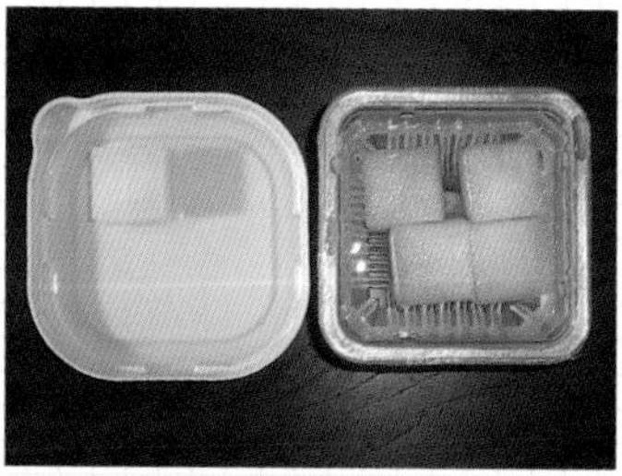

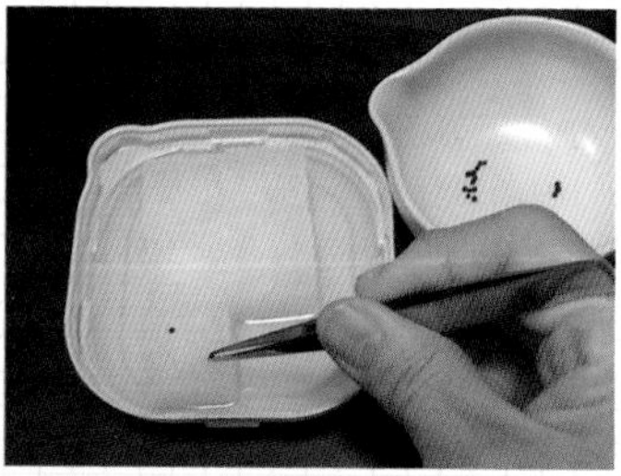

1 適当な容器にスポンジを入れて、たっぷりの水を吸わせておきます。この時、切れ込みのある面を上にします。

2 種まき容器に半分ほど水を入れスポンジを置き、その上に種を2～3粒(種類によって種の数は異なります)置きます。この時、ピンセット(竹串)を使うと便利。

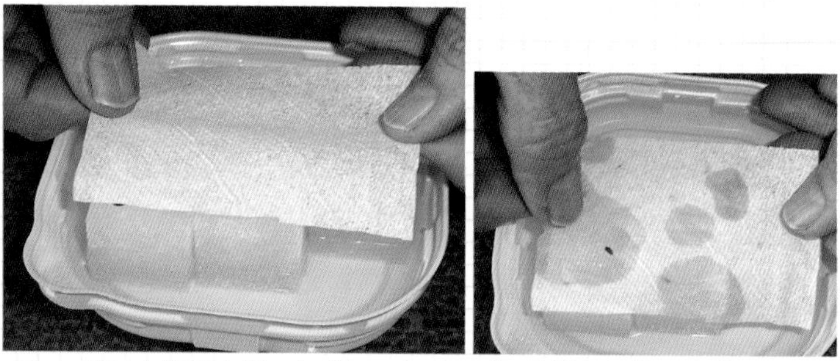

3 まいた種の上に、トイレットペーパーを静かに被せます。ペーパーが折れ曲がらないように気をつけましょう。

4 注射筒(スポイト)に水を入れて、3のトイレットペーパーの端から静かに水をたらしていきます。

point

キッチン用スポンジを使う場合は、研磨するためのかたい部分を落としてから2.5㎝角に切り分けます。スポンジの中央部分にカッターで長さ1cm、深さ1cmの切り込みを十字に入れます。この切り込みから根が下に伸びていきます。

発芽 2～3日で発芽します。

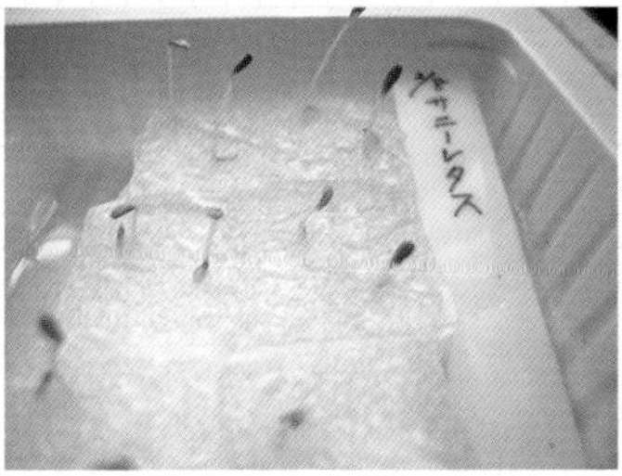

5日目。

16日目。

point

油性フェルトペンでネームプレートに日付と野菜名を記入しておくと、どの種をまいたか、わからなくなることがありません。

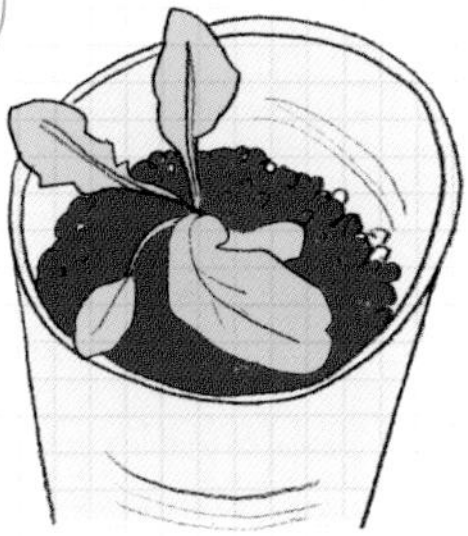

移植 本葉が2～3枚出た頃（季節にもよりますが、14日前後）移植します。

栽培層を作る

準備するもの

透明または
　半透明のプラコップ……………5個
台所用の水切りネット
　（250×280㎜サイズ）……………1枚
水切りトレー…………………1セット
バーミキュライト
　……プラコップ２杯弱（P.14参照）
はさみ…………………１本（P.14参照）
割り箸…………………１本（P.14参照）
液肥…………………適宜（P.14参照）

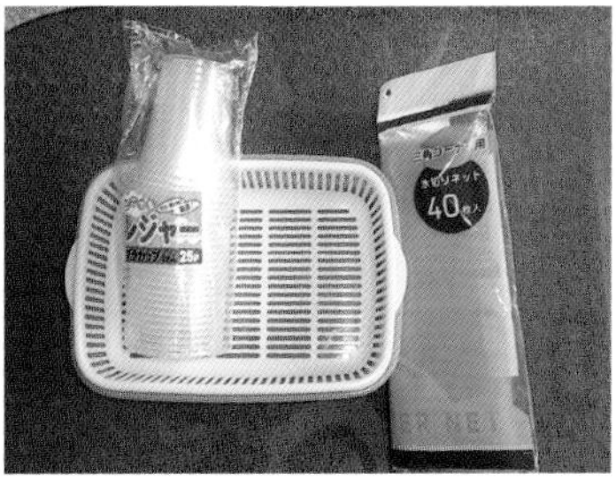

1 プラコップの底の真ん中に10円玉を置き、油性ペンで円を描きます。

2 はさみでコップ底の横2か所に約3㎝ほど切り取ります。端からも根が出るので、隙間を作るためです。

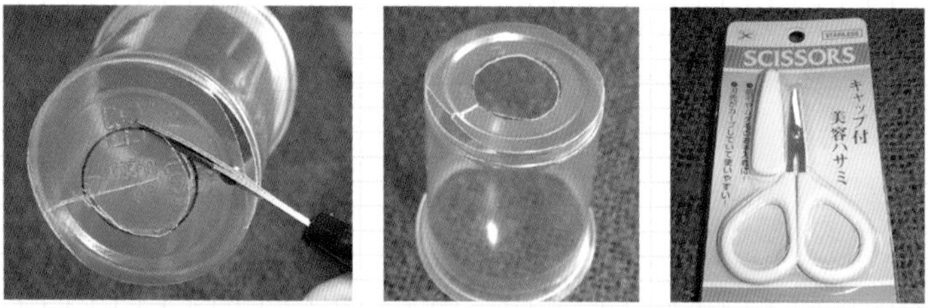

3 ２の切り口からはさみを入れていき、描いた円を切り取ります。切る時、先の曲がったはさみ（眉毛カット用など）を使うときれいに切り取れます。

4 水切りトレーに水切りネットを敷きます。

5 プラコップ1.5杯分のバーキュライトをネットの上に均等になるように入れます。これで栽培層の準備はＯＫです。

栽培層へ苗を移植する

1

栽培層のバーミキュライトがひたひたになるまで液肥を入れます。

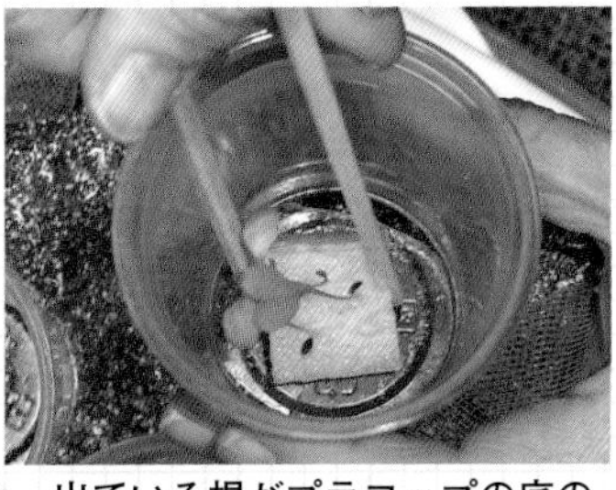

2

割り箸などでスポンジをつまみ、出ている根がプラコップの底の穴に入るようにスポンジを入れ込みます。

3

5㎜ほどスポンジを穴から外に出しておきます。

4 プラコップを回しながら栽培層に少し押し込むように置きます（スポンジが浮き上がってこない程度）。栽培層にプラコップを置いたら、残りのバーミキュライトをプラコップに入れてスポンジを隠します。

5 34日目。ゆっくりと生長しています。葉はまだコップから出ていません。

6 54日目。かなり生長しました。もう少しで切り取れます。

point

露地栽培のサニーレタスはよく発色していますが、水耕栽培では、光の条件によっては十分発色しないことがあります。気温も関係あると思われ、気温が高いとほとんど発色は見られません。また、冬場のほうがきれいに色づきます。寒暖の差も発色を左右します。しかし、発色が味を左右することはあまりありません。

point

移植後の肥料

移植までは水を使いますが、移植後は水耕栽培専用の肥料が必要になります。私が使用しているのは「ハイポニカ」（協和株式会社）です。園芸店などには置いていませんが、ネット検索で「ハイポニカ」+「液肥」と入れると販売店がたくさんでてきます。「ハイポニカ液肥」はA液とB液を等量混合し、500倍に希釈して使用します。園芸店やホームセンターなどで市販されている液体肥料でももちろんOKですが、うまくいかない場合はハイポニカ肥料を試してみるのもよいでしょう（写真は1ℓセット）。私は1週間分を作り置きしています。

収穫　種まきから50～60日あたり。

1

64日目に初収穫しました。

2　切り取ったばかりの葉。やわらかくてみずみずしい。

point

寒い時期は徒長が鈍ってコップの中が混み、はさみが入りにくくなる場合があります。その時は小さい株のほうを1株、茎の下部から切り取ります（間引く）。そうすれば、残った株の切り取りが楽になります。切り取りが困難でなければ２株のままでＯＫです。

保存　ボウルに水を張り、小1時間浸けてからよく水切りをして、キッチンペーパーを敷いた密閉容器に入れて冷蔵庫で保存。1週間はOK。切り口が変色してきますが、その部分はつまみ取ります。味は変わりません。

食べ方　サラダ以外に太巻き寿司、生春巻き、スープなどに幅広く使えます。また肉料理の付け合わせにも最適です。撤収した茎上部は味噌汁の具材として食べられます。

撤収

徒長して葉が小さくなってきたら、もしくは、花蕾《からい》（P.39参照）が出てきたら撤収です。撤収後は栽培層からプラコップを取り出します。根がトレーの下にびっしりからみついてプラコップが剝がしにくい場合は、ねじるようにして取ります。プラコップ内の株は根元近くで茎を落とし、プラコップの底から押し出してゴミに出します。残っているバーミキュライトは液肥を吸っているので、土栽培の鉢や庭の土と混ぜれば土壌改良剤になります。水切りトレーはきれいに洗い乾燥させてまた使えます。プラコップは洗って使ってもOKですが、藻がついているコップは捨てましょう。

152日目

point

今、栽培しているレタスが収穫できるようになったら、次のレタスの種まきを始めると途切れることのない収穫が可能になります。

お茶パックを使って葉ねぎを育てる

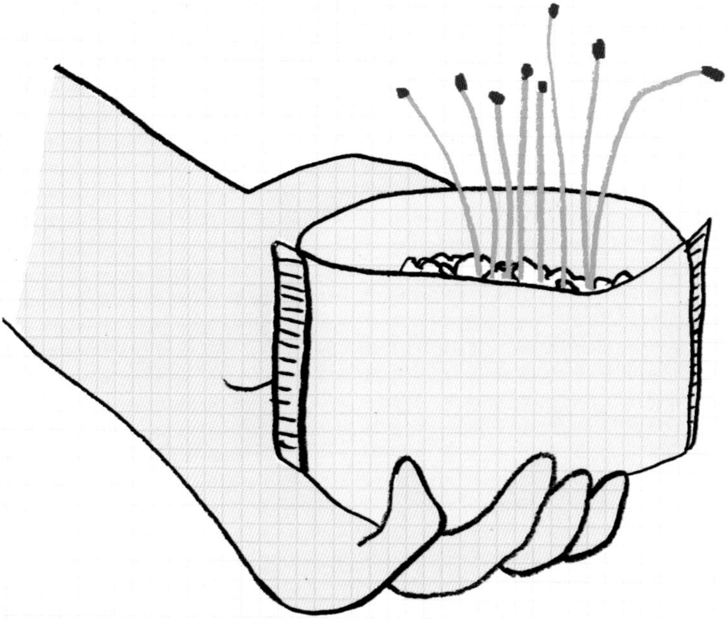

Data

科	：ユリ科
原産地	：中国西部
発芽適温	：18～22℃
栄養成分	：葉の部分にはビタミンA、Cやミネラルが豊富。殺菌作用や抗菌作用があり、ビタミンB_1の吸収をよくする硫化アリルも。

栽培した品種：万能小ねぎ（日光種苗）

葉ねぎ

主に葉の部分を食べるので、葉ねぎ。水耕栽培でも、わけぎ並みに太く栽培することが可能ですが、そこまで育てるには長い栽培期間を要します。葉丈30㎝ほどで切り取るようにすれば、切り口から新しい葉が出てきて５回ほど収穫することができ、お得です。最初に切り取る時は細いねぎですが、切り取るほどに太いねぎになっていくのが不思議です。

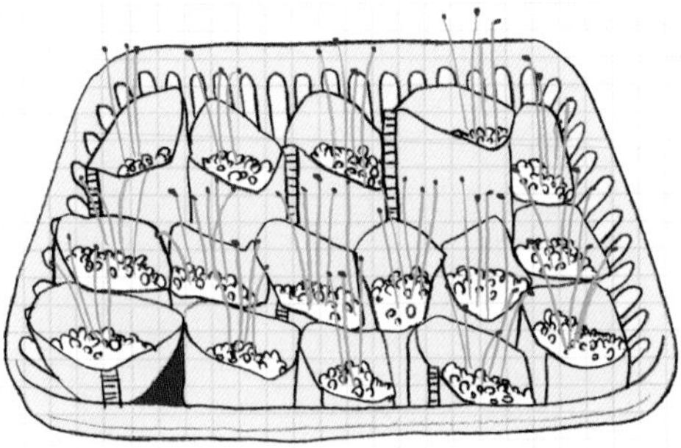

種まき

一年を通じて可能。
お茶パックに直にまきます。

準備するもの

種……………………120～150粒
お茶パック……………10～12枚
水切りトレー……………1セット
パーライト………………………適宜
ピンセット（なければ竹串）………１本
プラコップ（倒伏防止に使う場合）
……………………………10～12個

1 お茶パックを裏返して水切りトレーに並べます。

2 お茶パックにパーライトを３分の２程度入れます。１袋につき、写真のように種がくっつきすぎないよう置いていきます(12～18粒程度)。この時ピンセットを使うと楽です。

3 種が見えなくなるくらいまで、パーライトでうっすらと覆います。覆いすぎると発芽率が悪くなるので注意しましょう。

4

全部のお茶パックに種をまき終わったら、お茶パックが1cmくらい浸かるようにトレーの隅から水を入れていきます。発芽するまで部屋の半日陰に置きます。常に水に浸かっているように注意します。

発芽

時期によって異なりますが３～10日で確認できます。

発芽したら陽の当たるところで栽培します。殻や根が見えても大丈夫です。

倒伏防止

お茶パックのまま栽培を続けてもよいですが、倒伏しないようにお茶パックをプラコップに入れたほうがベターです。プラコップを使う場合、葉丈約7㎝になったところで実施します。

1 葉丈約7㎝になっています。

2 大きなトレーに液肥を入れ、底のあいたプラコップを並べ、その中にアルミ箔で外側を覆ったお茶パックを入れます。

3 35日目。葉も15㎝丈になり、しっかりしてきました。

倒伏防止コップの作り方

プラコップを使用すると、長く伸びるねぎの倒伏を防止できます。プラコップの底を切り取って筒状にし、お茶パックの周りをアルミ箔で巻いて（藻の発生を防止するため）、プラコップの中に入れるだけです。

プラコップの底をはさみで切ります。

↓

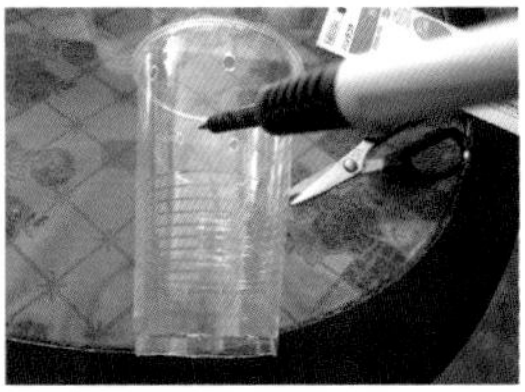

ハンダゴテ（キリでもOK）でカップ側面に穴をあけ、空気の通りをよくします。

point

キリを熱すると、穴をあけやすくなります。

収穫

葉丈 25 ～ 30㎝で収穫です。初収穫は季節によって違ってきますが、種をまいてから早くて約65 日、遅くても 75 日目には収穫できます。株元およそ２㎝を残して切り取ると、切り口から新芽が出て、その後およそ５回は切り取り収穫ができます。切り取ったあと葉先が黄ばんできますが、その部分だけつんでしまえば問題ありません。

70日目。30㎝近くになり、そろそろ収穫時期です。

75日目に初収穫しました。

point

最初の栽培層の１回目の切り取りがすんだら、次の栽培層用に種まきをするというルーチンを組めば、一年を通じて収穫できます。

保存

すぐ食卓に出さない場合は、コップに少しの水を入れて、キッチンに置いておくようにしています。目の保養にもなります。量が多い場合は新聞紙に包んで冷蔵庫で保存します。

食べ方

味噌汁、サラダ、薬味と、まさに万能。ねぎ臭さがないので、どんな料理にも使えます。

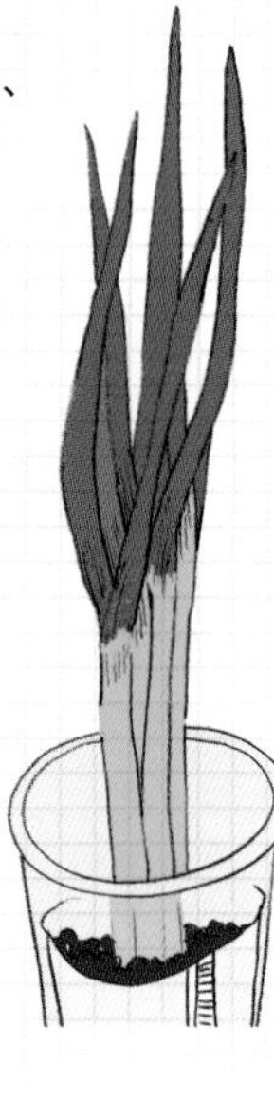

撤収

繰り返し切り取っていくうちに、弱って自然消滅したり、葉丈が伸びなくなったりします。この頃が撤収時期になります。

ヨーグルトパックを使っていんげん豆を育てる

Data

科	：マメ科
原産地	：中南米
発芽適温	：25℃前後
栄養成分	：カロチンが豊富で、カルシウム、亜鉛、カリウムなども含んでいます。

栽培した品種：セリーナ（サカタのタネ）

いんげん豆

中南米原産。17 世紀にヨーロッパを経由して中国、そして、日本へ伝わったとされています。明《みん》からの帰化僧の隠元禅師が日本に持ち込んだとされていることから、いんげん豆の名がついたそうです。マメ科の一年草で、夏に白またはピンク色の花をつけ、秋に長いさやをつけます。つるなしとつるありの品種がありますが、水耕栽培には丈が短い「つるなし」が適しています。

種まき

春先〜初夏にかけて、お茶パック１個に対して１粒まきます。９月末から２月までは種まきを避けましょう。用土はパーライトが適しています。

準備するもの

種	10〜12粒
お茶パック	10〜12枚
水切りトレー	1セット
パーライト	適宜
バーミキュライト	適宜

お茶パック１個に対して１粒を真ん中にまき、種が隠れるくらいに用土(パーライト)で覆います。

発芽

時期によって異なりますが３〜10 日で確認できます。

1

5日目。殻を破って芽が出てきました。根も見えています。

2 7日目。根が乾燥しないようにバーミキュライトで覆います。

3 12日目。本葉が大きくなってきました。

移植 28 ～ 30 日目に移植します。

準備

準備するもの

ヨーグルトパック……苗の数分
ハンダゴテ(キリ)……1本
液肥受けトレー……適宜
混合用土(P.111参照)……適宜
台所用の水切りネット
……苗の数分
はさみ……1本

1

450ml のヨーグルトパックの底にハンダゴテ（なければキリ）で穴をあけます(底および側面全部)。

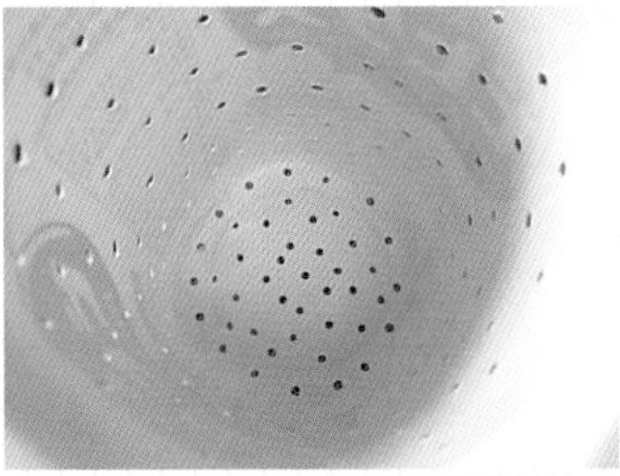

2 水切りネットをヨーグルトパックの大きさにあわせて切り、容器の底に置きます。

3 混合用土を容器の3分の1くらいまで入れます。

移植

準備するもの

バーミキュライト……適宜
液肥……適宜
タコ糸(支柱)……適宜

1 苗をお茶パックから取り出し（この時お茶パックを揉むように苗を押し出すと取りやすい)、容器に入れます。

2 根が見えなくなるまでまわりからバーミキュライトをかけていき、2～3回トントンと地面に軽く打ちつけるようにして、用土と根を安定させます。

3 液肥を入れた液肥受けトレーに2を並べ入れ、丸1日、陽射しを避けます。

point

ここではヨーグルトパックを使っていますが、ハンダゴテなどで穴があけられる容器であればなんでも構いません。大きさは直径10㎝、深さ10㎝あれば十分です。

36日目。花芽が出てきました。

49日目。タコ糸を容器側面にあけた穴に通して、栽培層を置いた棚上部に結びつけました。容器1つに2本張ります。

65日目。62日目に小さなさやを発見し、3日目でここまで大きくなりました。

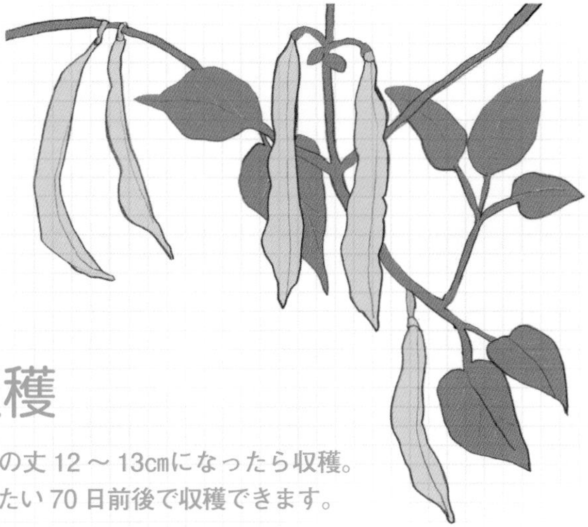

収穫

さやの丈 12 ～ 13cmになったら収穫。
だいたい 70 日前後で収穫できます。

71日目で初収穫しました。

保存

収穫時に食べないのであれば、野菜袋に入れて冷蔵庫で保存します。

食べ方

さっと湯がいてサラダに入れたり、そのままマヨネーズをつけて。市販品よりやわらかく甘みも強いので、そのままいただくのが一番です。

point

暖かいと生長は早く、上と横に大きくなっていきます。「つるなし」であっても80cm近く丈は伸び、支柱がないと倒れます。支柱（ここではタコ糸）が張れる高さがある場所を探し、つるがからまらないよう、ヨーグルトパックそれぞれを、ひとつずつの液肥受けトレーに分けます。トレーはなるべく大きなものを用意し、支柱を立てる段階でパックを離します。生長するにつれて液肥消費が早くなるので、給水タンク（P.112参照）も大きめにしていく必要があります。

撤収

全収穫終了時に撤収します。栽培終了後のヨーグルトパックはゴミとして出します。

洗濯バサミ入れを使ってにんじんを育てる

Data

科	：セリ科
原産地	：アフガニスタン
発芽適温	：15～25℃
栄養成分	：カロチンの他に、カリウム、カルシウムなどを含んでいます。油と一緒に調理するとカロチンが吸収されやすくなります。葉にはビタミンやミネラルが豊富。

栽培した品種：鮮紅三寸人参（日光種苗）

にんじん

水耕栽培でにんじんを育てられる、しかも、洗濯バサミ入れを使って、なんて夢にも思っていませんでした。にんじんは細長い東洋系品種と太くて短い西洋系品種に大別され、もとは、根も葉も食用にしていましたが、明治時代以降は根のみを食べる習慣になってきました。実際に栽培すると愛おしくなって、かたい葉もブーケガルニ（西洋ダシ汁を作る香草を束ねたもの）として使っています。水耕栽培には、長くなる種ではなく三寸にんじんが適しています。

種まき　11月中旬～3月、7～9月に直播。

準備　洗濯バサミ入れで栽培層を作る

準備するもの

- 種……50～60粒
- 洗濯バサミ入れ……1個
- 台所用の水切りネット……1枚
- 液肥受けトレー……1個
- 混合用土（P.111参照）……適量
- バーミキュライト……適宜
- ピンセット……1本
- 霧吹き……1個

1　洗濯バサミ入れ（深さ15㎝くらいのもの）と液肥受けトレーを準備します。

2 洗濯バサミ入れに水切りネットを広げます。

3 混合用土を容器の縁2cm程度下まで入れ、種をばらまきます。

4 液肥受けトレーにセットし、表面をバーミキュライトで被います。にんじんは光を好むので薄く被せます。

5 霧吹きで水をかけます。液肥受けトレーにはいつも水が1cmの深さであるようにします。

発芽 7～10日で発芽します。

1 9日目、幼葉が出ました。

2 20日目。本葉確認。

3

29日目。葉も増えしっかりしてきました。

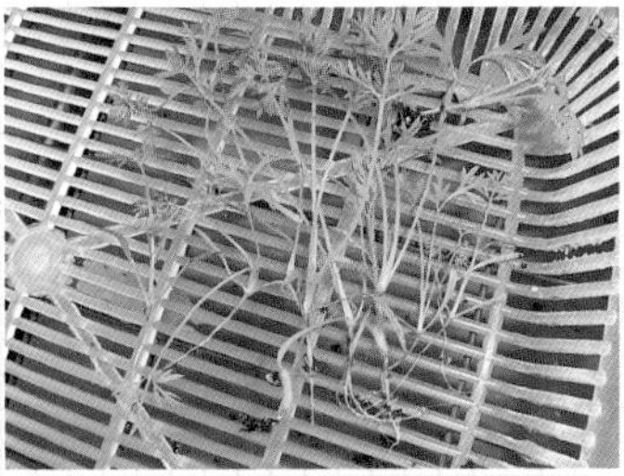

32日目。1回目の間引きをします。混み合ったところの小さな株を引き抜きます。

point

葉が密生すると風通しが悪くなり、うどんこ病（P.150参照）にかかる恐れがあります。密集栽培にならないよう間引きを必ずしましょう。

間引き後土寄せをします。

point

根の状態を確認したあと用土を盛り返す「土寄せ」をしないと、根の上部が緑色になります。「土寄せ」を忘れなければ、オレンジ色のきれいなにんじんができます。

95日目。葉も倒れてきました。葉丈も容器の3倍近くになり、そろそろ収穫時期です。

point

本葉を確認したら液肥を与えはじめます。液肥は用土に完全に浸み込むまで入れていき、いつも液肥受けトレーに1㎝の深さの液肥がある状態にするのがコツです。

収穫

約 95 日で収穫できます。

保存

そのままにしておくと根がスが入ったようになってやわらかくなるので、葉を切り離し、葉と根を別々に保存袋に入れて冷蔵庫で保管します。

食べ方

葉も残らず使えます。やわらかくて小さい葉はサラダに入れ、かたい茎はブーケガルニにします。大きな葉は炒め物に入れたり、チャーハンにしたりと、ほとんど捨てるところなく使えます。

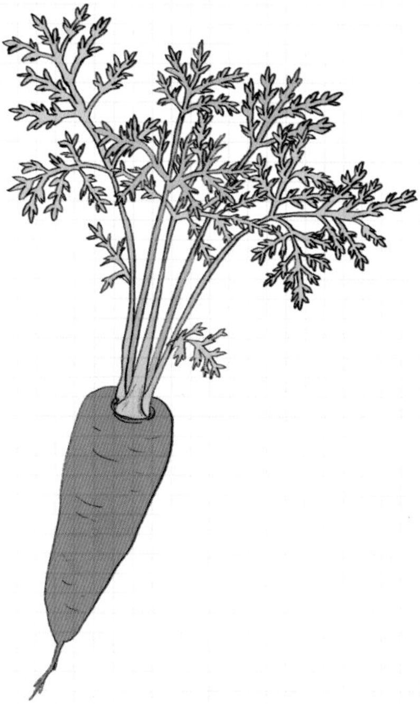

撤収

収穫時に撤収します。

毎日とれたてのみずみずしさ、

葉菜類

収穫しても、あとからあとから育ってきます。
安上がり、そして、新鮮な葉菜を毎日いただきましょう。

- ちりめんちしゃ
- リーフレタスグリーン
- グリーンウエーブ
- チマサンチュ
- 赤葉チマサンチュ
- コーラルリーフプルーム
- リバーグリーン
- サラダ菜
- コスレタス（ロメインレタス）
- フリンジーレッド
- ミニ白菜
- エンサイ（空心菜）
- ミニチンゲン菜
- 沖縄チンゲン菜
- 紅菜苔
- ミズナ
- 味美菜
- みなとべかな

ちりめんちしゃ

水耕栽培の基本となるのがレタス栽培です。レタスの作り方がわかれば、応用でさまざまな野菜が作れるようになります。レタスが日に日に大きくなっていくようすを目の前で見ると本当にわくわくします。そして初収穫の喜びといったら。ちりめんちしゃの葉は大きく、きれいな黄緑色をしていて、歯ざわりがいいのが特徴。サンドウィッチにはこの葉の大きさとやわらかさがマッチします。ぜひお試しください。

栽培した品種：青ちりめんちしゃ（日光種苗）

使用する容器

プラコップ

Data

科	：キク科
原産地	：地中海沿岸から西アジア
発芽適温	：15～20℃
栄養成分	：カリウム、カルシウム、ビタミンAなどが豊富。

種まき

夏場と真冬を避けてまきます。湿らせたスポンジ1個に対して2粒まきます。

発芽

2～3日で発芽します。

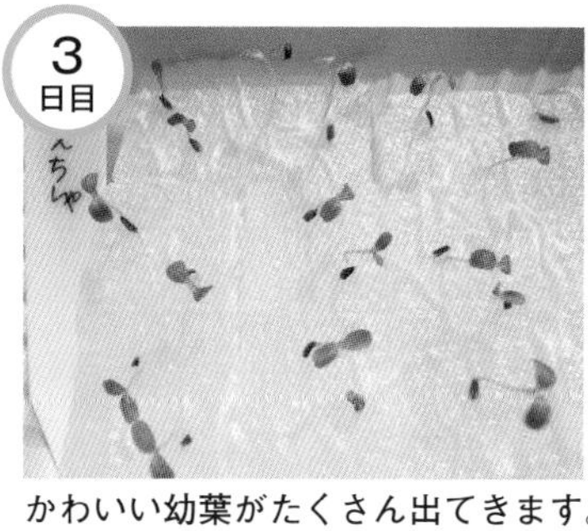

かわいい幼葉がたくさん出てきます。

移植

本葉が3～4枚になった頃（だいたい14日目）、移植します。

２～３枚の本葉が出そろい、移植時期を迎えました。

移植後、トレーをアルミシートで覆います。あいている6個目の穴には、30日目の写真にあるペットボトルの給水タンクを置きます。

point

ミズゴケの発生や液肥の蒸発を抑えるために、移植前に、穴をあけたアルミシート（作り方はP.155参照）をバーミキュライトの上に置いています。加えてトレー上部(ヘリの部分)をアルミ箔で覆うと、さらに効果的。

point

給水タンクとして500mlのペットボトルを使っています。液肥の消費量は環境や季節によって変化しますが、ペットボトルに液肥を入れておけば、一定期間、自動で補給ができます。留守がちな我が家の液肥補給対策法で、だいたい移植5日目あたりから開始します。給水タンクの作り方は、P.112参照。

葉の枚数も増えて大きくなってきました。

収穫

季節にもよりますが45～60日後です。

57日目

みずみずしいレタスの葉。切り取り時期に入りました。

point

収穫(切り取り)の目安は、葉がプラコップから大きく飛び出し、平らな葉の表面が波打ってきたら。外側から1枚ずつ切り取っていきます。中心にある3～4枚の葉は常に残します。残さないと株が弱って生長が悪くなるので注意しましょう。

保存

切り取って小1時間ほど水に浸したあと、よく水切りして、キッチンペーパーを敷いた密閉容器に入れて冷蔵庫で保存します。日が経つと切り口が変色しますが、そこを摘んで除いてしまえば問題ありません。他のレタス類と一緒に大きめの容器で保存すれば便利です。

食べ方

撤収した徒長茎（伸びすぎてしまった茎）の上部や、収穫時期が遅れて、葉の縁が変色したレタスは、味噌汁やスープに入れるとおいしく食べられます。

撤収

花蕾が出た頃か徒長しすぎた頃（種まきから4～6.5か月後）。

198日目

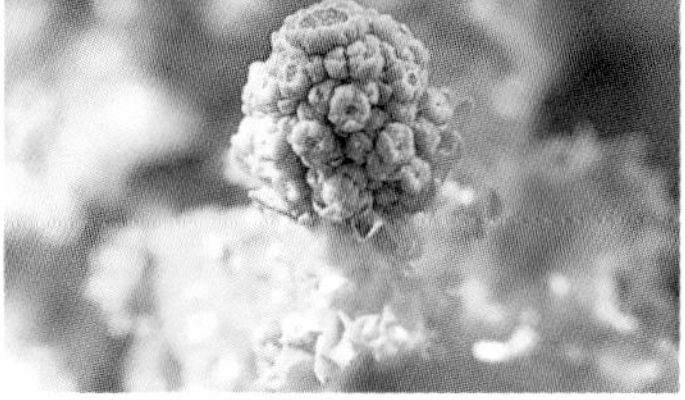

これが花蕾。種をとらないなら撤収します。

リーフレタスグリーン

使用する容器

プラコップ

ちりめんちしゃと同じように葉が大きく、収穫量も多いお得なレタスです。葉の緑色がきれいで、縁のフリルのウェーブがやや細かい特徴があります。苦みがなくやわらかいので、サラダやサンドウィッチ、料理のつけ合わせに重宝します。

栽培した品種：リーフレタスグリーン（サカタのタネ）

種まき

夏場と真冬を避けてまきます。湿らせたスポンジ１個に対して2粒まきます。

発芽

2〜3日で発芽します。

移植

本葉が3～4枚になった頃（だいたい14日目）移植します。

収穫

季節によりますが、45～60日後。花蕾が出るまでは、中心3～4枚を残し、外側の葉から1枚ずつ切り取っていきましょう。

切り取りが遅れ、葉の縁が変色しました。

撤収

花蕾が出たら撤収します。

point

レタス類の花蕾はみなよく似ています。花蕾が出る時期は気温や陽射しによって左右されます。そのままにしておくと種ができますが、種をとらないのであれば、花蕾が出た時点で栽培を終了しましょう。そのまま栽培を続けると、どんどん徒長が進み、葉がかたく小さくなっていき、サラダに向かなくなります。

point

葉が大きくなるタイプのレタスだと、陽射しを遮られる葉が出て、葉の縁が変色することがあります。これは、切り取り時期を逸し、葉が茂りすぎていることを意味しています。こまめな切り取りを忘れないようにしましょう。

グリーンウエーブ

使用する容器

プラコップ

やはり葉が大きくなるレタスです。生命力も旺盛。緑が映える葉はやわらかく、収穫量も満足できるものです。名前通り、葉にウェーブが入ります。

栽培した品種：グリーンウエーブ（タキイ種苗）

種まき

夏と冬以外可能です。スポンジ１個に対して2粒ずつまきます。

発芽

２日目に発根し、約3日で発芽します。

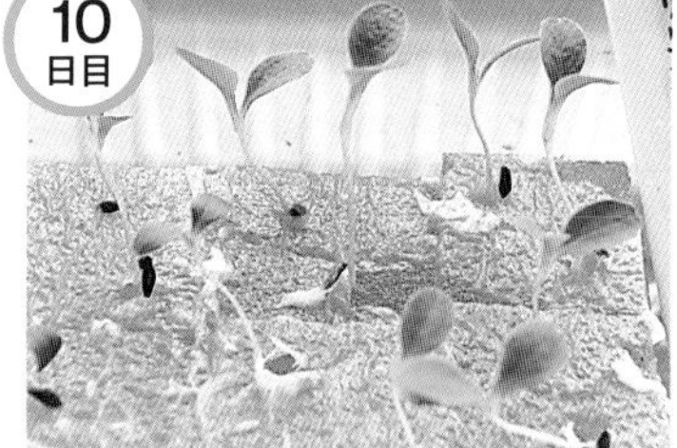

陽射しをいっぱいに浴びて。

移植

本葉が３～４枚になったら、栽培層に移します。季節により、14～30日目です。

種をまいて26日目に移植。

移植後、２週間でこの大きさに。

収穫

葉がプラコップから大きく出だしたら（50～60日後）、収穫できます。

収穫。切り取った葉です。

徒長したので、茎に支柱（割り箸）を立てています。

撤収

花芽・花蕾が出た頃に、もしくは、徒長し、葉が小さくなったら撤収します。

point

収穫する期間が最長になったレタスです。茎が折れ曲がりながらも生長している株もあり、生命力の旺盛さに驚きました。200日を超え花芽が出ましたが、花は咲かせず215日で撤収。この頃になると葉に本来のやわらかさがなくなり、苦みも出て、サラダに向かなくなりました。

point

暖かい時期だったせいか、このあと徒長が始まりました。それにつれて茎が太くなりましたが、葉の大きさはそのまま。100日を超えるとじょじょに普通サイズになりましたが、他のレタスと比べると、大きな葉でした。

チマサンチュ

焼肉屋さんでおなじみのチマサンチュ。栽培が簡単なだけでなく、内側から次々と葉が出てくるので、長い間収穫できるレタスのひとつです。葉にゆるやかなウェーブがあり、外側の葉を１枚ずつ掻き取って収穫するため、「かきちしゃ」とも呼ばれています。暑さや寒さに強く、四季を通じて栽培できます。ビタミンＡとＣが豊富なのも魅力で、朝のサラダにぴったりです。

栽培した品種：青葉チマサンチュ（タキイ種苗）

Data

使用する容器		
プラコップ	科	：キク科
	原産地	：地中海、中央アジア、中国
	発芽適温	：15～20℃
	栄養成分	：ビタミンAとCが豊富。

種まき

スポンジ1個に対して2粒まきます。

発芽

2～3日で発芽します。

移植

本葉が2～3枚出た頃(季節にもよりますが14日前後)、移植します。

40日目くらいまでは、プラコップから出てこない大きさのままですが、プラコップから出てくる大きさになると急激に生長します。

収穫

種まきから50～60日あたりに、初収穫できます。

葉が茂って十分な大きさになったので、最初の切り取りをしました。

外側の大きな葉を取ったので全体がすっきりしました。

一部切り取りをしないとこの大きさになります。

point

プラコップ内で葉があまりにも密集するようなら、２株のうち小さいほうの株を根元から３～５㎝のところで切り取ります。そこから新芽が出てくることがありますので、その時は、新芽の栽培も継続させてください。

111日目

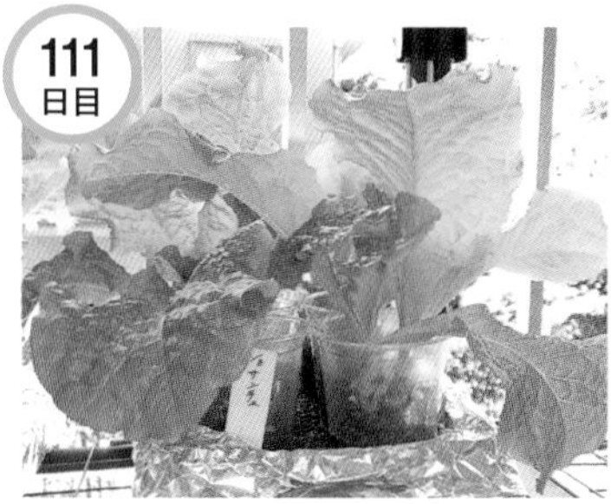

種まきから４か月近く。まだ大ぶりの葉を収穫できます。

211日目

徒長しても、まっすぐ上に伸びていきます。

point

他のレタスに比べて徒長が遅く、茎が太くしっかりしているので、支柱で支えなくても大丈夫です。しかし、もし茎の長さが30㎝以上になるようなら、倒れないように支柱を立てましょう。

保存

他のレタス類と同じです。使うごとに摘み取るようにしましょう。

食べ方

最近ではサンチュと呼ばれ、焼肉などを包んで食べるのがポピュラーになっています。くせがなくて食べやすいので、巻き寿司（サラダ巻き）にしてもおいしくいただけます。さらに、スープに、炒め物にと、応用範囲が広いレタスです。さっと湯がいてジュースにしてもよいでしょう。

撤収

徒長しすぎて葉が小さくなった頃、もしくは花蕾が出た頃。

215日目

花蕾が出たので撤収。

赤葉チマサンチュ

使用する容器

プラコップ

チマサンチュの一種で、葉の表面のおよそ3分の2が赤くなります。サニーレタス同様、サラダに入れると彩りがよくなります。赤い発色は気温に関係していて、真冬にはきれいな発色があり、暖かくなると、発色しないかもしくは少しだけの発色になります。サラダに入れたり、焼肉を巻くだけでなく、炒めてもおいしくいただけます。

栽培した品種：赤葉チマサンチュ（タキイ種苗）

種まき

夏と冬以外可能です。スポンジ1個に対して2粒ずつまきます。

発芽

2日目に発根し、約3日で発芽します。

移植

本葉が３〜４枚になった頃、栽培層に移します。

45日目

まだ発色していません。

65日目

日向側は発色しています。

一方、日陰側は発色なしです。

収穫

葉がプラコップから大きく出だしたら（約50〜60日後）、収穫できます。

65日目に収穫した赤葉サンチュ。

撤収

花芽・花蕾が出た頃、もしくは、徒長が激しくなった頃に撤収します。

165日目

半年近く経ってできた花蕾。花蕾もその３分の２が赤色。

point

気温が高くなっても他のレタス類のように急に徒長することがありません。そのため、長期栽培が可能です。支柱を立てても上部が重くて倒れるようになったり、写真のように花蕾が出たら撤収します。サンチュ同様、生長するに従って葉が小さくなっていきます。撤収時期になると、最盛期の５分の１大まで小さくなります。

コーラルリーフプルーム

使用する容器

プラコップ

ツヤのある赤紫色の葉。深い切れ込みがあって、茎の緑色との対比がきれいです。中央アジア原産といわれるからし菜を交配して作ったとのことで、ベビーリーフにしてもよし、大株まで栽培してもよしの、利用範囲が広い葉菜です。茎がややかたいので、サラダにする場合は葉だけ使います。ピリッとした食感があります。残った茎は味噌汁に入れたり、おひたしにすると無駄になりません。葉の色は、炒めたり湯がいたりすると消えます。

栽培した品種：コーラルリーフプルーム（タキイ種苗）

種まき

夏と冬以外可能です。スポンジ１個に対して2粒ずつまきます。

発芽

２日目に発根し、約3日で発芽します。

移植

本葉が３〜４枚になったら、栽培層に移します。

葉は最初から赤みを帯びています。

移植してからの生長が早く、どんどん大きくなっていきます。

大きくなるにつれて、葉の色が濃くなり、葉の切れ込みも深くなっていきます。茎の色との対比が印象的。

収穫

葉がプラコップから大きく出だしたら（50〜60日後）、収穫できます。

やや遅れて収穫しました。

撤収

花芽・花蕾が出た頃、もしくは、茎が伸びすぎるようになったら撤収します。

point

124日目に花蕾を確認。花蕾の出た茎はかたくなり、徒長していきます。その後も収穫が可能ですが、葉の勢いはなくなっていきます。適当なところで撤収します。

リバーグリーン

細長く半結球するタイプ（コス）のレタスで、チマサンチュと同じくらい長く栽培を楽しめます。緑が濃くて光沢がある葉は、厚いだけでなく歯切れがよいのが特徴。サラダに入れると、食感の違いがわかります。大きめにちぎって入れるとサラダが映えます。

栽培した品種：リバーグリーン（サカタのタネ）

Data

使用する容器

プラコップ

科	：キク科
原産地	：地中海沿岸から西アジア
発芽適温	：15～20℃
栄養成分	：ビタミンA、C、葉酸、鉄分が豊富。抗酸化作用があるケルセチンも。

種まき

夏と冬以外可能です。スポンジ１個に対して2粒ずつまきます。

発芽

約3日で発芽します。

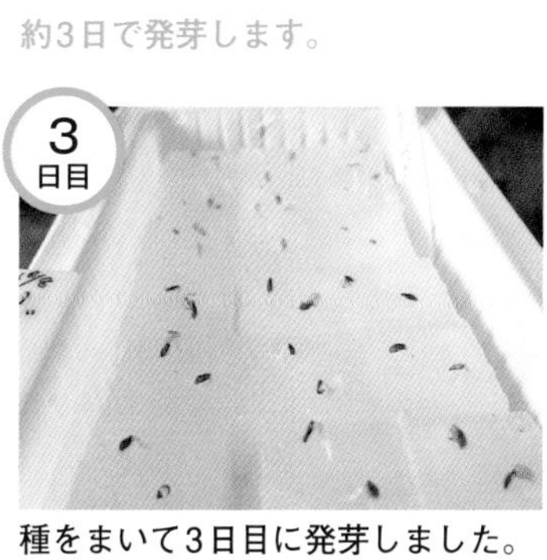

種をまいて3日目に発芽しました。

移植

本葉が2～3枚出たら移植します。

16日目、と、やや遅めの移植です。パーライトとバーミキュライトを混合して使っています。用土の無駄がなくなります。

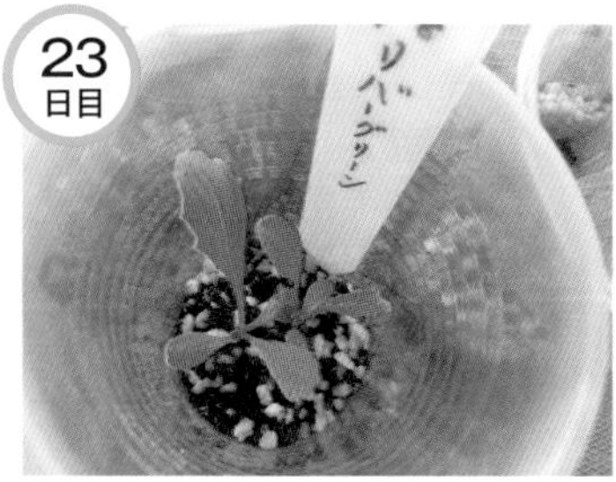

３週間以上経っても、まだ小さく、かわいらしいまま。

プラコップの高さを超えてきました。ここから急生長します。

point

レタス類は30日目くらいまで比較的ゆるやかに生長しますが、40日を過ぎると、とたんに生長が早くなります。

収穫

時期によりますが50～60日目で収穫できます。

55日目に収穫。

切り取った葉。他のレタスと比べ、濃い緑色をしているのが特徴。

150日を過ぎても、それほどの徒長は見られません。

160日目

160日目でもあまり徒長していません。

point

レタス類の中でも徒長しにくいレタスです。栽培期間が長くなると、葉の生長が遅くなり、小さくなってきます。この時期に切り取りを怠ると葉の縁が変色してきます。小さくなってもこまめな切り取りは必要です。

保存

他のレタス類と同じです。使うごとに摘み取るようにするとよいでしょう

食べ方

サラダの他には、「トマトとハムのスープ」に加えるのがおすすめ。料理の最後に、さっと煮込むとおいしく仕上がります。炒める時は火を通しすぎないようにします。

撤収

花芽が出たら撤収します。

172日目

葉の縁が変色しましたが、徒長は見られません。

point

160日以降、切り取ったあとに葉があまり生長しないようであれば、葉の縁が変色する前に撤収しましょう。液肥を無駄にしないですみます。

サラダ菜

サラダ菜（サマーグリーン）は使い道が多く、特に長い間収穫できるのが魅力です。失敗することもほとんどないので、ぜひトライしてもらいたいレタスです。葉にバターを塗ったような照りがあることから英語名は「バターヘッド（butter head)」といいます。結球しますが巻きがゆるく、完全には結球しません。他のレタスより葉がやわらかくサラダや肉料理によく合います。

栽培した品種：サマーグリーン（サカタのタネ）

使用する容器

プラコップ

Data

科	：キク科
原産地	：地中海沿岸から西アジア
発芽適温	：15～20℃
栄養成分	：カロチン、カルシウム、鉄分、ビタミン類を多く含んでいます。鉄分はほうれん草より多いので貧血の予防にも。

種まき

夏と冬以外可能です。スポンジ１個に対して2粒ずつまきます。

発芽

２日目に発根し、約3日で発芽します。

いっせいに発根しています。

発芽したあと、勢いよく生長しています。

移植

本葉が３～４枚になったら、栽培層に移植します。

用土はパーライトとバーミキュライトの混合です。

プラコップを大きく超えています。

収穫

プラコップ内が葉でいっぱいになったら収穫です（50～60日後）。

葉が密生して、はちきれそうです。

切り取り収穫したのですっきりしました。

しばらくするとまた茂ります。毎回この量になります。

撤収

花芽・花蕾が出た頃、もしくは、徒長が激しくなった頃に撤収します。

丈が約30㎝になり、花蕾が出たので撤収しました。

保存

葉は水に30分浸け、よく水切りして容器に入れて冷蔵庫で保存します。容器の底にキッチンペーパーを2枚敷き、サラダ菜を置いて、その上にさらにキッチンペーパー2枚をのせると、葉が凍りません。

食べ方

徒長した茎の上部は食べることができます。薄くスライスして炒めたり、味噌汁に入れたりしてもおいしくいただけます。

岡山サラダ菜

サラダ菜は暑さや寒さが苦手なので、夏や冬の栽培には向きません。その短所を解消したのが岡山サラダ菜です。暑さ寒さに強いので一年中栽培ができるのです。
私の場合、種をまいたのが真夏、収穫後の撤収が真冬になりました。サラダ菜（サマーグリーン）より葉が大きくなりますが、やわらかいサラダ菜の特徴は残しています。大ぶりの葉は、サラダはもちろんサンドウィッチにも適しています。種まき・発芽・移植・撤収はサラダ菜と同じです。

栽培した品種：岡山サラダ菜（タキイ種苗）

コスレタス（ロメインレタス）

使用する容器

プラコップ

エーゲ海コス島が原産。葉が立ちあがる半結球レタスです。別名「ロメインレタス」の通り、ローマ時代から栽培されていて、シーザーサラダに使われるレタスとしても有名です。葉に厚みがあるのが特徴。少し苦みがあるので、加熱するほうがおいしく食べられます。ベーコンやハムのサンドウィッチやホットサンドウィッチにもおすすめのレタスです。チーズとの相性がよいので、ホットチーズサンドはぜひお試しください。

栽培した品種：半結球レタス・コスレタス（タキイ種苗）

種まき

夏と冬以外可能です。スポンジ１個に対して2粒まきます。

発芽

２日目に発根し、約3日で発芽します。

point

50日目あたりから葉が立ちましたが、それは、徒長が激しくなっても変わりませんでした。「立ちレタス」という名のゆえんでしょう。

移植

本葉が３～４枚になったら、栽培層に移植します。

１か月半でだいたいこの大きさに生長します。

収穫

葉がプラコップから大きく出だしたら（約50～60日後）、収穫できます。

初収穫しました。

葉が立って生長するのが最大の特徴です。

5か月経った状態です。

point

葉は横に広がることがないので、高さにゆとりのある場所で栽培しましょう。

撤収

花芽・花蕾が出た頃、もしくは、徒長が激しくなった頃に撤収します。

花蕾を確認、撤収。

フリンジーレッド

使用する容器

プラコップ

葉が玉にならないリーフレタスの一種。縁がフリル状になり、全体ではありませんが赤く色づきます。サラダの彩りによい他、観賞用としても楽しめ、寄せ植えの鉢の中に見ることがあります。やわらかくて苦みがありません。原産地は西アジア・地中海沿岸です。

栽培した品種：フリンジーレッド（サカタのタネ）

種まき

夏と冬以外可能です。スポンジ1個に対して2粒ずつまきます。

発芽

2日目に発根し、約3日で発芽します。

5
日目

種まきから5日目です。

移植

本葉が3～4枚の頃、栽培層に移します。

移植（約16日目）。用土はバーミキュライトとパーライトの混合です。

point

用土は1種類に限りません。手持ちの用土の残りを混ぜて使ってもOK。

34
日目

葉の先端が少しだけ赤くなっています。

収穫

葉がプラコップから大きく出だしたら（50～60日後）、収穫できます。

54
日目

初収穫しました。

撤収

花芽・花蕾が出た頃、もしくは、徒長が激しくなった頃に撤収します。

168
日目

花蕾が出たので撤収。

ミニ白菜《はくさい》

最初は本当にできるのかしらと半信半疑だったミニ白菜ですが、今では１～２月に我が家で収穫する代表的な野菜になっています。冬景色の中に、緑色の葉があるのは本当に気持ちがよいものです。地中海沿岸原産のアブラナ科の原種が中国に伝わって、７世紀頃に白菜が生まれました。日本には江戸時代以前にも伝来しましたが普及せず、20 世紀に入って結球性の白菜がよく食べられるようになりました。今ではじゃがいも、大根、キャベツ、玉ねぎに次いで５番目に生産量の多い野菜になっています。品種は多く、日本では山東系の８種が定着しています。ミニ白菜はその一種で 1kg前後の小型種です。他の白菜同様に旬は冬で、淡泊な味をしています。ミニサイズなので調理しやすく、少人数のご家庭にぴったりです。

栽培した品種：ゆめいろハクサイ。タイニーシュシュ（サカタのタネ）

使用する容器

ヨーグルトパック

Data

科	：アブラナ科
原産地	：地中海沿岸から西アジア
発芽適温	：20～25℃
栄養成分	：ビタミンC、カリウム、食物繊維など。

種まき

３月あるいは８月末～10月。スポンジ１個に対して１粒まきます。

発芽

２日程度で芽が出ます。

移植

本葉が４枚出た頃、ヨーグルトパックに移植します。

point

レタス類に比べると、移植までの時間が長くて心配になりますが、本葉がキチンと出てからでないと、生長しません。移植に使う鉢は、市販の鉢ではなく、食べ終わったヨーグルトパックを使っています。食べ終わったヨーグルトパックの側面と底に穴をあけておき、すぐ使えるようにしています。

63
日目

レタス類に比べると、葉がかなり大きくなります。

80
日目

他の葉ものと同じように寝ていた葉が立ち始めます。

98
日目

根のようすがわかるようにヨーグルトパックから出したところ。

point

水耕栽培は小さな容器で栽培するため、容器下半分は白い根で覆われます。容器の外に細い根が出てくるので、からまらないよう容器と容器の間隔をあける必要があります。それでもからまるようなら、液肥受けトレーを大きなもの（100円ショップで購入する場合は、200円の大きなトレーになります）に替えます。葉がくっつきすぎる場合も同じです。

葉数がどんどん増え、横にも上にも広がっていきます。

大きく広がっていく葉は、100日を過ぎる頃から写真のように、ビニール紐で真ん中から上に向かってぐるぐると（2～3周程度）縛っていきます。水耕栽培では結球は難しいようで、縛っていかないと松葉ボタンのようになってしまいます。

収穫

100～120日目を目安にします。外側の葉が少し黄変したら収穫します。このまま栽培を継続すると、中心部の葉先が茶色く変色し、腐敗の原因になります。

保存　新聞紙に包んで冷暗所に保存します。

食べ方　市販の白菜よりも葉肉が薄いので、鍋物だけでなく、サラダの素材にもなります。

撤収

収穫時期が撤収時期になります。

point

1個切断して葉の密集状態を確認。収穫OKの状態になっていました。およそ25cmの大きさ。

エンサイ（空心菜《くうしんさい》）

葉野菜が少なくなる夏場に長く収穫できるので、暑い時期のビタミンやミネラルの補給源になります。元来水辺に生育し、乾燥に弱い作物です。そのため、湿地に多く栽培されますが、それは、水耕栽培に適しているということでもあります。「空心菜」の別名通り、茎内部は空洞で節があり、節目の上から切り取ると脇芽がどんどん伸びてくるので、切り取って収穫していきます。とにかく、その生長の早さに驚かされます。種袋につるが伸びるタイプ（つるあり）か伸びないタイプ（つるなし）かの記載があります。栽培トレーが狭いので栽培にはつるが伸びないタイプを選びましょう。

栽培した品種：エンツァイ（サカタのタネ）

Data

使用する容器

お茶パック

プラコップ

科	：ヒルガオ科
原産地	：中国南部～東南アジア
発芽適温	：20～25℃
栄養成分	：ビタミンA、B、C、カルシウム、カリウム、鉄分が豊富。繊維質も多く、便秘を改善します。

種まき

春先～夏前までに、お茶パックに1粒の直播にします。お茶パックにバーミキュライトを半分ほど入れ、種を1粒入れたら再度バーミキュライトを上から薄くかけます。受け皿に水をザル底から上1cm程度になるまで入れます。日当たりのよい場所に置きましょう。

失敗例

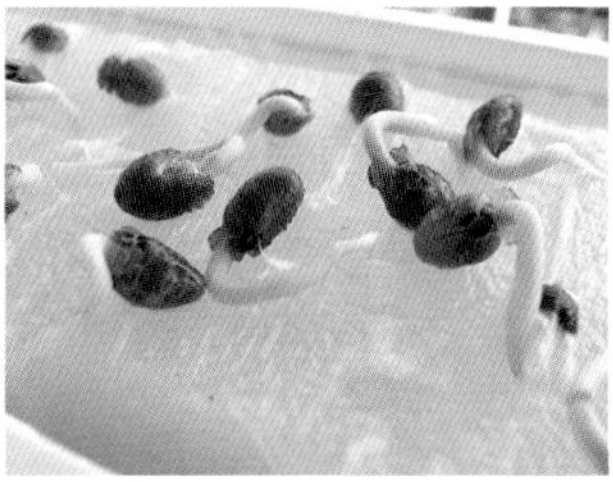

種をスポンジ発芽させようとしたら、根が太すぎてスポンジに入っていきませんでした。

発芽

3日程度で発芽します。

水切りトレーのザルに直接置いたお茶パック。葉の生長が確認できます。

移植

直播なので必要ありません。

10日目

point

お茶パックが倒伏しないようプラコップで固定。プラコップの底を切り取って並べ、そこにお茶パックを入れて、液肥に切り替えました。

21日目

本葉が増え大きくなってきます。

収穫

丈が30㎝以上になったら節上を1～2㎝残して切り取ります。

50日目

初収穫。丈がおよそ40㎝あり市販サイズと同じです。

60日目

脇芽がどんどん伸びるようになるので、切り取りも5～7日間隔で。

point

生長が早い分、液肥の消費も早く、給水タンク（500ml のペットボトル2本）が1日もたなくなります。真夏は朝晩2回の液肥補給が必要になります。

生長が早く、丈も70～80㎝になったので、トレーに重石としてレンガを置きました。

point

とにかく丈が高くなります。高さに余裕がある場所で栽培したほうが収穫しやすく、倒れることがあっても対処しやすくなります。水切りトレーが小さく軽いので、重石をしたほうが無難。重たくて水に強いもの（私はレンガを使いました）で、水切りトレーを支えるようにします。

保存 食べる時に切り取ります。余分に切り取った時にはキッチンペーパーなどに包んでビニール袋に入れ、冷蔵庫で保存。夏野菜なので早めに食べましょう。

食べ方 ごま油で塩炒めにするとおいしくいただけます。

撤収

脇芽が伸びなくなったら撤収します。

ミニチンゲン菜《さい》

中国野菜の代表格のひとつ。和名は「青軸パクチョイ」で、白軸のものは「パクチョイ（白菜）」と呼ばれます。暑さや気温の変化に強く、短期間で収穫できる栽培しやすい野菜です。我が家ではいつも４層を栽培し、調理法を変えて食べています。味や形はチンゲン菜と同じですが、葉や茎はやわらかめ。最近スーパーで「ラーメンチンゲン菜」の名で売られるようになりました。

栽培した品種：シャオパオ（サカタのタネ）

使用する容器

プラコップ

Data

科	：アブラナ科
原産地	：中国南部
発芽適温	：15～20℃
栄養成分	：カロチン、ビタミンC、カルシウム、鉄分などが豊富に含まれている。チンゲン菜のカロチンは油と一緒に炒めると吸収率が上がります。

種まき

一年を通じて種まきできます。スポンジ１個に対して２粒ずつまきます。

発芽

２～３日で発芽します。

小さいながら、葉の形はチンゲン菜になっています。

移植

本葉が２～３枚出た頃（季節にもよりますが、14日前後）。

寒い時期だったので、移植が遅れ、移植10日後も葉は小さいままです。

夏季には30日で全部収穫が可能ですが、寒いと切り取りもできません。

切り取り収穫が可能な大きさです。

point

1株全部を収穫できなくても、水耕栽培の場合、葉が大きくなっていれば、1枚ずつ切り取り収穫していくことができます。

point

移植後の生長が急激です。うっかりしていると花芽が出て、気がつかないうちに花が咲いていることがあります。この生長スピードは、子ども達の夏休みの自由研究にはうってつけです。

収穫

丈が10～15㎝になったら収穫します。

全部収穫できます。

point

どの時期に栽培しても約50日で全部収穫できます。1株を全部収穫、残ったひと株を切り取り収穫していってもよいでしょう。強い陽射しが当たると葉がかたくなるので、収穫時期が真夏にならないようにします。

1株全部での収穫。小さくとも形はチンゲン菜です。

保存

小さいので、全部収穫してもその場で使い切っています。余分がでた場合には、新聞紙やキッチンペーパーで包み、ビニール袋に入れて冷蔵庫で保存しましょう。

食べ方

小さいので切るだけで手軽に調理できます。中華料理だけではなく、肉料理のつけ合わせにしたり、豆腐と一緒に炒め煮にしたり、さっと湯がいて餡かけにしてもおいしいです。くせがない味なのでどんな調理法にも合います。

撤収

全部収穫の場合、収穫時期が撤収時期です。一部収穫の場合、葉が大きくならなくなったり、外側の葉の黄変が激しくなったら撤収します。

沖縄《おきなわ》チンゲン菜《さい》

使用する容器

プラコップ

暑さに強く生育が早いので沖縄で一年中栽培されているチンゲン菜です。密植栽培が可能で、水耕栽培に適しています。茎が長くなり、根元が膨らまない種類です。ミニチンゲン菜よりかなり大きく、パッと見は小松菜のようです。中華炒めに大変重宝しました。

栽培した品種：沖縄チンゲン菜（フタバ種苗）

種まき

真冬以外。暑さに強いので真夏の種まきもOK。スポンジ１個に対して２粒まきます。

発芽

2〜3日で発芽します。

移植

本葉が2～3枚出た頃（季節にもよりますが、14日前後）移植します。

47日目

手前と奥の葉を比べると種による生長の違いがわかります。

収穫

丈が18～20cmになったら（50～60日後）収穫します。

58日目

幼葉と最初の本葉が黄ばみました。背丈が18cmを超えたので、一株切り取ってみました。

1回目の収穫で切り取った株。

63日目

3回目の収穫です。

point

種まきから63日目ですべての株を収穫しました。

撤収

収穫時期が撤収時期になります。

紅菜苔《こうさいたい》

使用する容器

プラコップ

原産地は中国の長江中流域。葉の色が緑、葉脈や茎が紅紫をしているので、コントラストがきれいです。黄色く咲く花も可憐で、収穫したあと、翌日までコップに挿して観賞したほどです。涼しい気候を好みます。炒め物やおひたし、からし醤油和えなどにするのがおすすめ。苦みがないので、子どもでも食べられます。アントシアニン、鉄分などが豊富です。

栽培した品種：紅菜苔（サカタのタネ）

種まき

真夏と真冬を除いて可能です。スポンジ1個に対して2粒。

発芽

2～3日で発芽します。

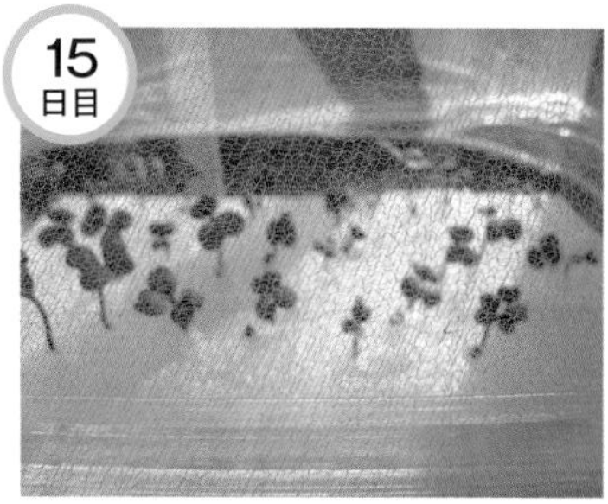

そろそろ移植時期です。茎は赤みがかった紫をしています。

移植

本葉が3～4枚になったら（15日前後）移植します。

移植後の様子。

point

用土はパーライトを使っています。この用土でなくてもＯＫなので、好きな用土で栽培してみましょう。

茎と葉のコントラストがきれい。１本につき花が２～３個咲けば収穫です。

収穫

季節にもよりますが45～60日で収穫できます。

62日目

花が咲き、蕾が膨らんできました。丈は約40㎝に。

花芽がついていない株も収穫しました。

point

本来、背が高くなる野菜ですが、コップでの栽培で根を張れないせいか40㎝止まりでした。

撤収

収穫時期に撤収します。

ミズナ

ミズナ（水菜）は別名が「京菜」ですが、その名の通り京都が原産です。肥料を使わずに水と土だけで作ったので、水菜と呼ばれるようになったとか。1600年代後半の文献にも記載されている古い野菜であり、このところ、早生種がサラダ野菜として人気が出ています。臭みやくせのないシャキシャキ感が新鮮です。

おすすめの品種：京みぞれ（タキイ種苗）

使用する容器

プラコップ

Data

科	：アブラナ科
原産地	：京都
発芽適温	：20℃前後
栄養成分	：カロチン、ビタミンC、カルシウム、カリウム、鉄分が豊富。

種まき

夏と冬以外可能。スポンジ1個に対して3粒まきます。

発芽

3日前後で発芽します。

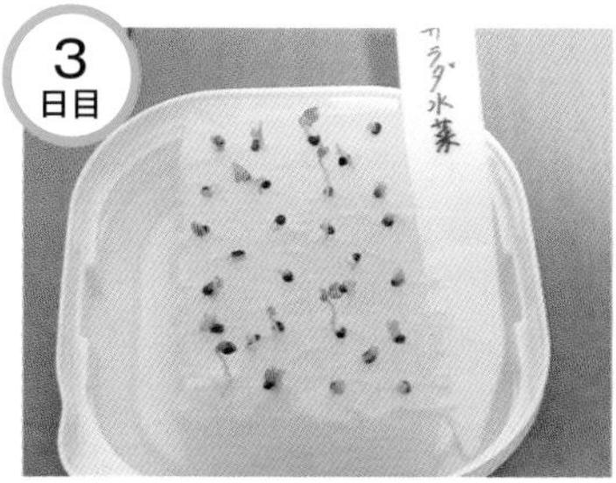

首を持ち上げる感じで発芽してきました。

移植

本葉が2～3枚出た頃、移植します。

本葉のギザギザを確認して移植。

収穫

90日前後で、切り取り収穫できるようになります。

一部切り取りを開始しました。

point

葉丈が18cm以上になったら切り取り可能です。切り取りを繰り返すうちに生長が遅くなり、丈が短くなってきますが、3～4回は切り取ることができます。種によって生長速度が異なります。生長スピードが落ちる冬が収穫時期に当たる場合は、まく種を多くして、育った葉から収穫していきます。

切り取る時は、根元2cmほどを残します。

point

栽培していくうちに切り取り間隔がわかってきますが、収穫が遅れると、外側の葉が黒ずんできたり、枯れてきます。

切り口から新芽が出てきます。

コップがパンパンになったら１株間引き、残った株から少しずつ収穫していきます。

間引き後。

point

切り取りは株全部を切り取るか、大きくなった葉を切り取っていきます。すべて全部切り取りにする場合は、種まきはスポンジ１個に対して２粒が適当です。今回のように１株のみ全部切り取り、あとは間引き切り取りをしていく場合、3粒程度まいたほうが長く収穫できます。

保存

まず、適当な長さに切ります。密閉容器にキッチンペーパーを敷いてミズナを置き、その上にもキッチンペーパーを置いて冷蔵庫に保存します。株の場合は新聞紙で包んでビニール袋または野菜専用ビニール袋に入れて冷蔵庫に保存します。

食べ方

サラダ以外には、厚揚げの葛煮につけ合わせるのが好きです。シャキシャキ感と葛餡の組み合わせが絶妙でくせになるので一度お試しください。鍋物に使ったり、漬物（浅漬け）にしてもおいしくいただけます。

撤収

一部切り取りの場合、葉が伸びなくなったら。

味美菜《あじみな》

かぶと白菜以外の一〜二年草のアブラナ科の葉菜類を、主に漬物に利用されるため「漬け菜」と呼んでいます。中国のあぶら菜（なたね）が日本に渡り、日本各地で他の葉物野菜と交配させたものです。味美菜はその一種で、小松菜とチンゲン菜の性質をあわせもっています。味は小松菜に似ていますが、小松菜よりさっぱり感があります。水耕でも栽培しやすく、耐寒性や耐病性に優れています。種まき日をずらして栽培していけば、一年中食卓に上る葉物野菜です。

栽培した品種：味美菜（サカタのタネ）

使用する容器

プラコップ

Data

科	：アブラナ科
原産地	：中国、日本
発芽適温	：25～30℃
栄養成分	：カロチン、ビタミンC、Eが豊富で、カルシウムや鉄分も含んでいます。

種まき

夏場と真冬を避けてまきます。湿らせたスポンジに2粒置きます。

発芽

2～3日で発芽します。

移植

本葉が3～4枚になった頃（だいたい14日目）移植します。

外側の葉が黄変したので、試しどり。

種袋に記載されている収穫日に近い54日目でしたが、根元が膨らみに欠けていました。

収穫

時期によって差があり、50～70日の間です。

市販品と比べても遜色ない大きさに。

point

70日まで栽培を続けたところ、プラコップがパンパンになったので収穫しました。根元の膨らみも立派で、冬の時期の栽培日数は70日がちょうどよいようです。サイズは15～21㎝で、2粒種まきとしては満足できる大きさです。温暖期には収穫までの日数がだいぶ短くなります。

土耕と比べ時間がかかりましたが、満足できる大きさに。

保存　新聞紙やキッチンペーパーで包み、ビニール袋に入れて冷蔵庫で保存しましょう。

食べ方　くせがなく、蒸してごまだれ、炒め物、おひたし、味噌汁の具材と利用範囲が広い野菜です。

撤収

収穫時期に撤収します。

べんり菜

味美菜同様、小松菜とチンゲン菜の性質をあわせもった葉物野菜。和・洋・中の料理、また、漬物にも利用できる便利な野菜で、便利に使えるという意味からこの名がついたとか。暑さ寒さに強く、生長が早いだけでなく失敗なく栽培できます。味美菜同様、種まき日をずらして栽培すると一年中収穫でき、毎日の料理に重宝します。

栽培した品種：べんり菜（タキイ）

長さ15～20㎝で収穫しました。

ビタミン菜

「漬け菜」の一種で、「おおさかしろな（大阪白菜）」と中国野菜の「ターサイ」の交配種です。「漬け菜」系野菜は、水耕でも栽培しやすい特徴があり、耐寒性や耐病性に優れています。食感は小松菜よりやわらかい感じで味にくせがなく、他の「漬け菜」系野菜同様に、おひたし、煮物、炒め物にと幅広い料理に使えます。味噌汁の具材にも適しています。ビタミンA含有量が多いのが特徴です。

栽培した品種：ビタミン菜（サカタのタネ）

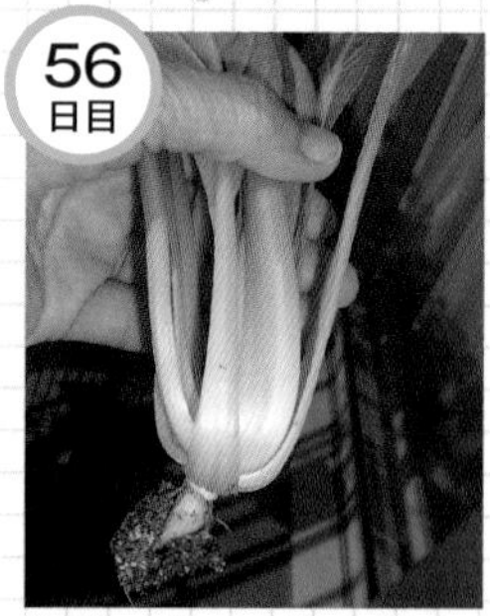

収穫。茎の下部も立派です。

みなとべかな

使用する容器

ヨーグルトパック

スーパーなどで「しろじく」の名で売られているみなとべかな。白菜の仲間で、東京の江戸川、葛飾地域で栽培されていた「べか山東」の改良品種です。白菜をスマートにしたような外観をしていて、葉は淡い緑色（黄緑色に近い）、味にくせがないのでさまざまな料理に利用できます。早生品種なのでレタスと同じように短い栽培日数で収穫できるのが魅力で、白菜の代わりに使うことができます。大きく育てるために個別に栽培します。

栽培した品種：みなとべかな（サカタのタネ）

種まき

夏場を除きいつでも種まきできますが、冬場の生長は遅め。スポンジ1個につき2粒まきます。

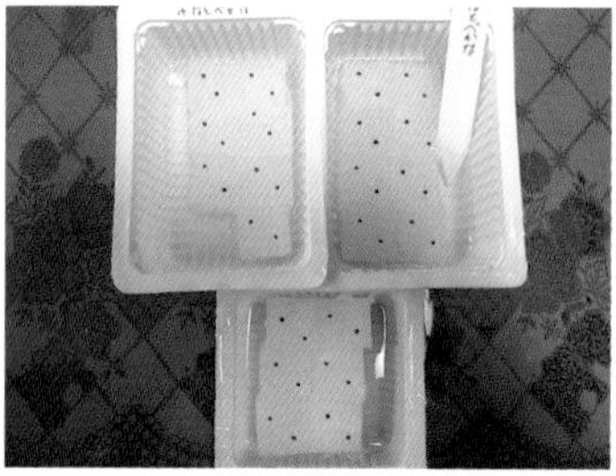

たくさんのスポンジに2粒ずつまきました。

発芽

2日で芽が出ます。

本葉が見えています。

移植

本葉2～3枚出た頃、移植します。

収穫

60～120日くらいまで。

2株中、太い株を切り取りました。

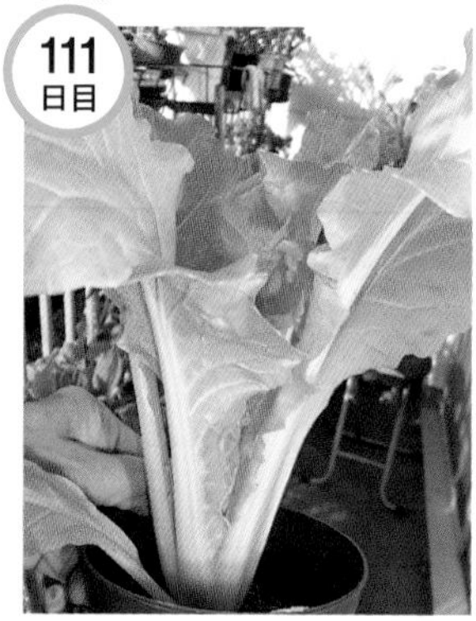

残ったほうの株。こちらも立派です。

保存

新聞紙やキッチンペーパーに包んでビニール袋に入れて冷蔵庫で保存しましょう。

食べ方

シャキシャキとしてくせのない野菜です。味噌汁の具材、おひたし、炒め物と用途は広い野菜です。大きく育てた1株は1人分のおひたしに十二分な量です。

撤収

全部収穫した時が撤収時です。

すずなりの幸せ、

花《か》蕾《らい》類《るい》

- スティックブロッコリー（茎ブロッコリー）
- ミニカリフラワー
- スナップエンドウ
- ピーマン
- トマト（ミディトマト）

根の力強さをいただく、

根菜類

- ミニ大根
- ラディッシュ（赤丸はつか大根）
- 小かぶ

ブロッコリーやカリフラワー、トマトからラディッシュまで。
栄養たっぷりの花蕾類や根菜類も自家栽培の
新鮮なものを食卓に並べましょう！

スティックブロッコリー
(茎《くき》ブロッコリー)

スティックブロッコリーは、地中海沿岸原産のブロッコリーと中国野菜のカイランを掛け合わせて開発された品種です。中心の花蕾（頂花蕾《ちょうからい》）を大きくしないで側枝を伸ばし、それを花蕾が開かないうちに収穫します。長く伸びた茎がおいしいので花蕾とともに13～15cmほどの長さで収穫します。側枝を伸ばすので栽培期間が少し長くなりますが、１株で10～15本できます。

栽培した品種：スティックセニョール（サカタのタネ）

Data

使用する容器

ヨーグルトパック

科	：アブラナ科
原産地	：地中海沿岸
発芽適温	：20～25℃
栄養成分	：緑黄色野菜の代表格。カロチンが豊富で、ビタミンC、カリウム、カルシウム、鉄などの含有量が多いのが特徴です。

種まき

3月あるいは8月末～10月。スポンジ1個につき1粒まきます。

発芽

2日程度で芽が出ます。

48
日目

液肥を与えたので、スポンジが藻で緑色になっています。

point

生長がゆっくりだったため、苗の勢いがなくならないよう液肥を2000倍希釈にして時々与えていました。藻が少し発生しますが問題ありません。

移植

本葉が4枚出た頃、側面や底にキリなどで穴をあけた鉢に移植しました。450mlのヨーグルトパックでも栽培できます。

54
日目

側面や底に穴をあけた鉢に移植。

85
日目

この大きさになるまで約3か月かかります。

102
日目

葉の間に小さな花蕾を発見。

118
日目

てっぺんにできる
主枝の花蕾が頂花
蕾です。

131
日目

側枝が伸びています。

point

株はかなり大きくなります。株同士の葉が重ならないように液肥受けトレーも大きくします。また、上が重く、下部(栽培鉢)が軽いので、倒れやすくなります。液肥受けトレーの中や鉢の外側に支えを置くとよいでしょう。私はペットボトル（500ml）に水を入れてトレーの中に横にして置いたり、レンガをトレー外側に置いて支えるようにしています。

point

頂花蕾が直径５㎝ほどになったら切り取ります。切り取ることで、今まで頂花蕾に向かっていた栄養が側花蕾(側枝にできる花蕾)に向かうようになります。

収穫

120～170日で収穫できます。

花蕾含め13cmほどを切り取ります。

point

切り取っていくうちに茎が伸びなくなっていき、花蕾も株の下方にいくほど小さくなっていきます。花蕾が開くと味が落ちるので、開かなくても茎が長さ10cm程度になったら切り取るようにしましょう。

保存

ラップでくるむかビニール袋に入れ、冷蔵庫で保存します。鮮度が落ちるのが早いので、３～４日で使い切ったほうがよいでしょう。

食べ方

花蕾より茎を食べる野菜です。茎はやわらかく、またほのかに甘みがあり、嚙みしめるとアスパラのようです。葉も食べられます。炒めたり、味噌汁の具材に、また、シチューに入れてもおいしくいただけます。

撤収

側枝が出なくなったら撤収します。

ミニカリフラワー

ミニカリフラワーはコンパクトで食べきりサイズの早生カリフラワー。ここで育てているのは美星という品種です。密植できるので、水耕栽培に適していると思います。種まきから収穫まで約5か月の長丁場になりますが、葉の間から花蕾が見えた時の感激はひとしおです。アラブ人によってヨーロッパに伝えられたとされる古い作物で、15〜16世紀にイタリアやフランスで盛んに栽培され、改良が進んだといいます。

栽培した品種：美星（サカタのタネ）

使用する容器

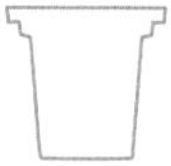

ヨーグルトパック

Data

科	：アブラナ科
原産地	：地中海沿岸
発芽適温	：15〜25℃
栄養成分	：花蕾・茎ともにビタミンC が豊富。カリウム、食物繊維なども。

種まき

2月末（夏前収穫）または8月末〜9月（冬収穫）。スポンジ1個に対して1粒まきます。

発芽

およそ3日で発芽します。

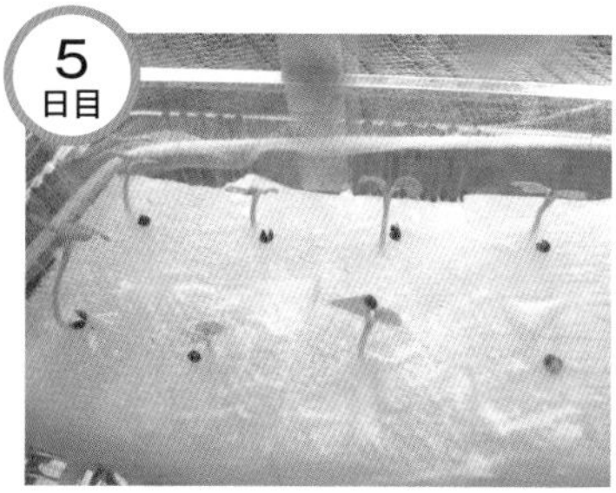

移植

本葉が大きくなってから移植します。季節にもよりますが、30〜40日で移植時期を迎えます。

ヨーグルトパックに移植しました。

この葉の間で花蕾が膨らみ始めています。

point

花蕾が形成される時、低温が必要です。130日目までは寒い日が続くような時期を選んで種まきをし、涼しい場所で栽培しないと、この写真のような異常花蕾が形成されます。寒くなると下方の葉が黄ばんだり落葉したりしますが、葉の数が極端に少なくなることはありません。

直径2～3㎝になりました。花蕾の膨らみはじめから5日ではっきりとわかる大きさに。

point

花蕾に直射日光が当たらないようにするときれいな白色になります。株の向きを変えたり、外側の葉で花蕾を覆うとよいでしょう。

収穫

140～160日で収穫できます。

レタスと同期間で収穫できますが、切り取りできないので栽培期間が長く感じます。

保存

ラップでくるむかビニール袋に入れ、冷蔵庫で保存しましょう。

食べ方

普通、花蕾の周りのやわらかい葉をゆでて食べることはあっても、大きな葉や茎は捨ててしまいます。でも、長い期間育てるため、すべてが愛おしく、炒め物や味噌汁の具材にして、下方にあるかたい茎以外は食べてしまいました。ほんのりとした甘みがありました。

撤収

収穫時期が撤収時期です。

point

その時の気温によって収穫時期は変わるので、こぶし大になったら収穫します。収穫サイズは直径10～11㎝くらいがよいでしょう。

スナップエンドウ

未成熟状態でさやから豆を取り出したものがグリーンピースで、さやと豆の両方を食べるのがスナップエンドウです。スナップエンドウには、豆(種子) が大きくなってもさやがかたくならない特徴があります。暑さに大変弱く、生育適温は 18 ～ 20℃。土栽培では晩秋に種まきをしますが、水耕栽培では晩冬から春先に「つるなし」の種をまきます。水耕で育てると、さやが肉厚になり、市販のスナップエンドウよりシャキシャキ感と甘みが強く、野菜嫌いの孫が「もっと欲しい」と催促するほどでした。スジはかたいので、キヌサヤエンドウと同じように、調理前にとります。

栽培した品種：グルメ（タキイ種苗）

Data

使用する容器

お茶パック

ヨーグルトパック

科	：マメ科
原産地	：中央アジアから中近東
発芽適温	：18～20℃
栄養成分	：豆には、タンパク質、ビタミンB群、カリウムなど。さやにはビタミンCが豊富です。

種まき

晩冬〜春先。お茶パックに用土を入れて種を2粒ずつまき、薄く用土で覆います。

用土はパーライト。種がよく見えます。

発芽

約５日で発芽します。

5日目

いっせいに発芽しました。

14日目

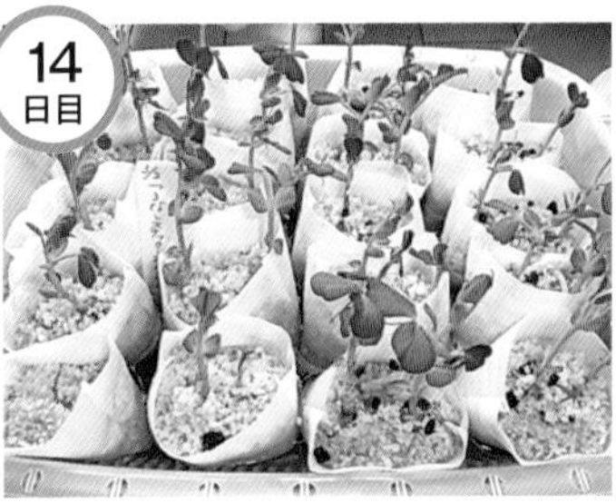

移植まで1000倍希釈の液肥を与えます。

移植

29〜31日目。つるが出はじめてから移植します。

32日目

ヨーグルトパックや鉢に移植しました。

37日目

100円ショップで購入した支柱を立てました。つるなしとはいえ、つるが出るので１〜２本の支柱にはわせます。

62日目

白いかわいらしい花が咲きました。

収穫

さやが膨らんだら収穫します（開花後25日前後が目安）。

さやも膨らみ、さやの中の実が陽に当たると透けて見えます。そろそろ収穫です。

さやが大きくなったので収穫しました。

保存

ビニール袋に入れて冷蔵庫で保存します。鮮度が落ちるのが早いので、１～２日で使い切りましょう。

食べ方

サラダや肉料理のつけ合わせ、その他には、てんぷら、炒め物、和え物に。

撤収

全部収穫し終わったら撤収です。

point

一連の写真は、屋外（ベランダ）で3月上旬に種まきをしたもので、収穫終了は6月上旬になりました。耐寒性植物だけあって2月下旬の種まきでも栽培できました。1月に種をまいた時はさすがにビニールハウス内で栽培しましたが、ハウス内が暖かすぎ、株が大きくならないうちに花が咲いてしまいました。それでも3月下旬には収穫できました。

ピーマン

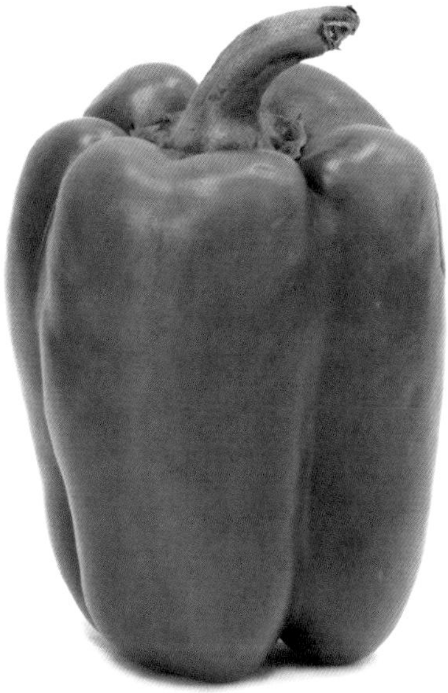

ピーマンはトウガラシの仲間で、緑色の未成熟果実です。ビタミンCを多く含み、夏バテ防止に効果があります。辛み成分は含んでいませんが、独特の青臭い風味と苦みがあり、子どもの好まない味です。近年はカラーピーマンも出回っていて、成熟すると赤色、オレンジ色、黄色などに変化します。これらの果肉には甘みがあり、ビタミン成分も増加するそうです。ここでは、水耕栽培に適するように市販苗を一度ヨーグルトパックに移植して栽培し、のちに大きな容器（ゴミ入れなど）に再移植します。

栽培した品種：グリーンキッス、ガブリエル赤（日本デルモンテ）

Data

使用する容器

ヨーグルト
パック

内径15～20㎝、高さ
20～25㎝のゴミ入れ

科	：ナス科
原産地	：中南米
発芽適温	：20～30℃
栄養成分	：ビタミンCを非常に豊富に含んでいます。

移植

市販のピーマンを鉢に移植します。移植した日を1日目としてカウントしています。

市販のピーマンとパプリカの苗。

側面や底に穴をあけたヨーグルトパック（写真では穴をあけた鉢を使っています）を準備します。

水切りネットを鉢の底に敷きます。

ビニールポットから苗を取り出し、土を落とします。

別容器に水を入れ、苗を揺すってさらに落とします。

鉢の下からおよそ3分の1のところまで混合用土（P.111参照）を入れます。

苗を鉢に置きます。

根を覆うように混合用土を入れます。

少し押さえつけながら用土を固め、2～3回トントンと鉢を地面に軽く打ちつけるようにして用土を固定させ、余分な空気を出します。液肥の入った受けトレーに入れ、陽射しを避けて翌朝まで置きます。

葉が大きく、つやも出てきました。新しい葉も出だしました。

再移植

移植してから出た葉が大きくなりだしたら、ゴミ入れへ再移植します。

ゴミ入れには、いろいろな形がありますが、なるべく穴がたくさんあいているものを選びます。あいていない部分はハンダゴテ（なければキリなど）で穴をあけます。

底と、側面と底の間の湾曲部分に穴をあけます。この穴から根が出てきます。側面の穴は通気口になります。

ゴミ入れに水切りネットを敷き、混合用土を３分の１ほど入れます。あとは鉢に移植する際の手順と同じです。

アブラムシ対策のため、ゴミ入れの縁をアルミ箔で覆いました。

丈も1mになり、花もたくさん咲いています。

point

夏場の液肥消費はトマトほどではなく、２ℓと１ℓのペットボトルの給水タンクがそれぞれ1本ずつあれば１日もちます。液肥受けトレーも、これらが収まる大きさにします。藻が発生するのでトレー全部をアルミシートで覆いたいところですが、夏は液肥温度が高くなり、根に悪影響を与えるので、深くて大きなトレーを選び、液肥の高さを3㎝以内にして、トレーの半分をアルミシートで覆います。覆っていない部分に給水タンクを置き、2週間に1度くらい藻の発生状況をチェックしましょう。藻の発生がひどければトレーを掃除します(P.155参照)。

収穫

一番花は結実しても落ちる頻度が高く、二番花結実から収穫していきます。6㎝くらいになったら切り取ります。

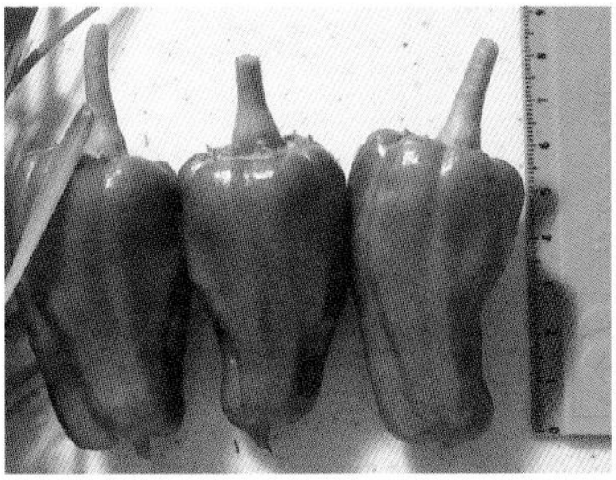
収穫。6㎝あります。

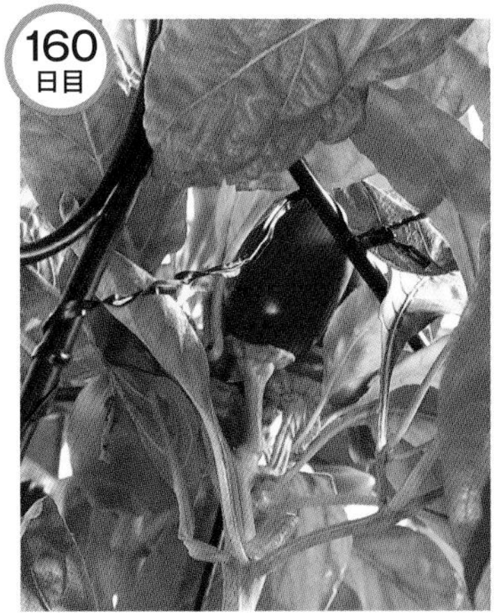

パプリカはピーマンより大きく、成熟するのに時間がかかります。きれいな赤です。

丈が150㎝に。

パプリカとピーマンの大きさの違いがわかります。ピーマンも小さな実を取っていかないと収穫時期を逸して赤変していきます。完熟ですが、ややかたいような感じがします。

撤収

ピーマンは172日間、パプリカは219日間栽培し、冬前に撤収しました。越冬も可能でしたが、栽培スペースの都合上、あきらめました。実っていた果実はすべて収穫しました。

保存 1週間で使う量を冷蔵庫に保存します。残りは1回使用分ごとに短冊のように切り分け、水分を丁寧にふき取ってからラップに包み、日付を書いて、冷凍保存します。調理する時は解凍せずにそのまま使います。

食べ方 栽培日数が長くなるにつれ、逆三角形のような形のものが増えてきます。大きさも大小さまざまに。しかし、味は変わりません。小さなものは肉詰めにピッタリで、たくさん作って冷凍保存しておき、使う時は自然解凍して少し電子レンジで温めればOKです。お弁当に重宝します。

パプリカ

パプリカはハンガリー語です。ピーマンと同じくトウガラシの辛み成分を持ちません。果肉は肉厚で糖度が高く、生でも食べられます。加熱してもビタミンＣが失われにくい特徴があります。ミニパプリカ（ビバ・パプリコット）は１個の大きさが約5㎝で一度に使い切れ、大変重宝します。サラダに入れてもおいしく、未成熟の緑色の時期に切り取るとピーマンの代用になります。栽培手順はピーマンと同じ。他の苗より値段は高めでしたが、収穫量と果実の大きさは値段に余るものがありました。また栽培したい果菜類です。

トマト（ミディトマト）

市販苗２株を購入した日から数えて102日間で、計700個も収穫。我ながら立派なものだと思いました。トマトの日本名は「赤ナス」。世界中に8000種を超える品種があり、日本での品種登録数も約100種あります。玉の大きさで大玉、中玉、ミニの３種に分類され、最近ではマイクロトマトという極小の品種も出回っています。水耕栽培には中玉（ミディトマト）もしくはミニトマトの栽培が適しています。今回は市販苗で栽培をしますが、気に入ったトマトから種をとり出し、発芽させて栽培する方法もあります。病気にかかりやすいのでワクチン接種苗を栽培すると失敗がありません。トマトは日照が大切ですが、我が家は夏場直射日光が入らないので、迷うことなくワクチン接種苗を栽培しました。

栽培した品種：リトル・サマーキッス（日本デルモンテ）

Data

使用する容器

内径15〜20㎝、高さ20〜25㎝のゴミ入れ

科	：ナス科
原産地	：南米
発芽適温	：20〜30℃
栄養成分	：カロチン、ビタミンC、リコピン、ルチンなどを含んでいます。

移植

市販苗を水耕栽培層に移植します。大きくなるので、ゴミ入れで栽培します。液肥消費も多くなっていくので、深く大きいサイズのトレーを用意しておきます。ゴミ入れに水切りネットを入れ、混合用土（P.111参照）をネットの3分の2まで入れていきます。次に、用土の真ん中にくぼみを作り、市販苗の土を取り除いて（完全に取らなくてもOK）、くぼみに置きます。苗の根元まで用土を足して液肥受けトレーに置き、液肥を入れます（ピーマンの項、参照）。移植した日を1日目とカウントしています。

ゴミ入れ外側に長い支柱を立てます。

第1房の花芽。もうすぐ咲きそうです。

丈が伸び、第1房の花が咲きました。

第1房が結実し、大きく。

第1房のすべてが結実しました。結実した実も市販サイズ以上の大きさ。あとは色づくのを待つのみです。

point

普通は脇芽を摘み取って2～3本仕立てにし、5番目の花房がついたくらいで摘心《てきしん》（上部15cmくらいのところで切り取ること）しますが、栽培場所も限られていますので、自然任せで大丈夫です。花が多少落花しますが、ほとんどが結実します。

丈が1.5ｍを超え、液肥が１日もたなくなりました。受けトレーをバンジュウに変更しました。

point

60日目あたりから給水タンクを4ℓ分置きましたが、さらに液肥消費が激しくなったので、バンジュウ（食品業界で使われる運搬容器のこと。大きくて深い発砲スチロールでもよい）ひとつに8ℓ分の給水タンクで１日の液肥をまかないました。摘心をすれば液肥の消費量が減りますが、自然な生長に任せたので、今回はこれでよしとしました。

78日目

実も重くなり、3段目まで色づきました。

実の重さに房枝もしなり、ワイヤー入りのビニール紐で支えました。

収穫

目安は味の好みもあり、一概に何日目とはいえませんが、私は花が咲きだしてから50日目くらいが好みでした。試し採りして自分の好みの味を見つけてもよいでしょう。

下のほうから順次赤くなってきます。時期を逃すと赤みが薄れます。雨に当たると裂果の原因になり、味も変わってしまうので注意。

point

実は赤くなったものから順次摘み取り収穫します。指で実をつまみ、ヘタの上の房枝との境目を下から横に動かすときれいに採れます。

保存

密閉容器に入れて冷蔵庫で保存します。未成熟トマトは、熟した赤いトマトを混ぜてミキサーにかけてから煮ます。水分量が半分になるまで煮詰めたら冷まし、熱湯消毒したビンに入れて冷凍保存します。トマト料理のソースに重宝します。

食べ方

サラダの他に、湯むきせずに3～4個に切って中華スープにしたり、卵焼きの中に入れるとおいしくいただけます。

撤収

株の下部の葉から黄変し、だんだん枯れてきます。成熟した実がなくなれば撤収時期です。環境がよければ越冬も可能で実も収穫できますが、サイズは小さくなっていきます。

混合用土について

大きくなる野菜類は、根張りが十分できる容器で栽培します。この時に使う用土が混合用土です。保水性に優れた椰子殻繊維とバーミキュライトやパーライトを混ぜることで用土の量も増え、保水性、保気性も高まります。栽培容器も大きくなるので根張りもできます。

準備：
3ℓ以上入る容器（バケツ、プラスティック容器など）
椰子殻繊維（100円ショップで購入できます）
バーミキュライト
水　3～6ℓ（栽培層の数によりますが、ここでは6ℓ使用）

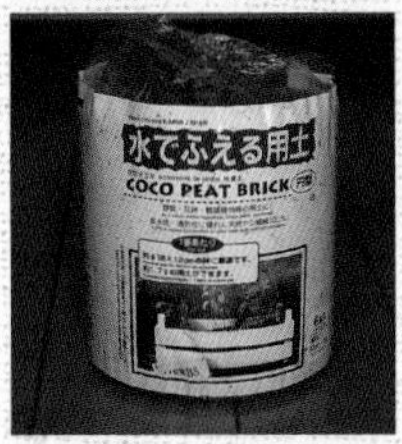

❶　容器に椰子殻繊維を入れます。

❷　規定量の水を入れ、1～2時間（季節や繊維の状態による）ほど待ちます。

❸　椰子殻繊維が4～5倍に膨らんだら崩します。

❹　崩した量と同量のバーミキュライトを入れ、よく混ぜます。

給水タンクについて

給水タンクは自動で液肥の補給をする装置です。装置といってもペットボトルを使って作る簡単なもの。日中留守をしたり１泊程度の旅行に出かけたりする時に便利です。

❶　ペットボトルの下部（底との境目）にハンダゴテで直径６㎜くらい（最大でも１㎝）の穴をあけます。熱したキリで穴をあけてもＯＫです。

point

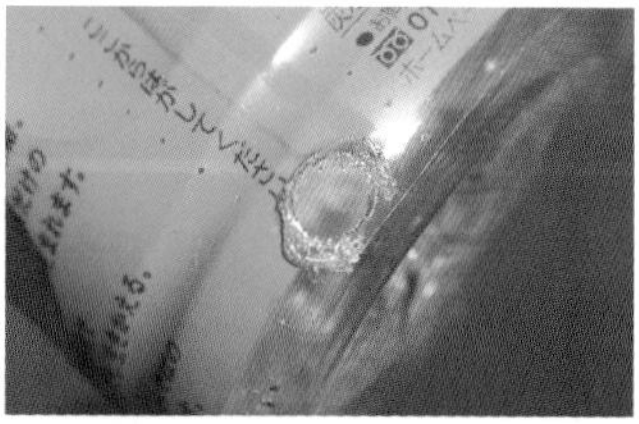

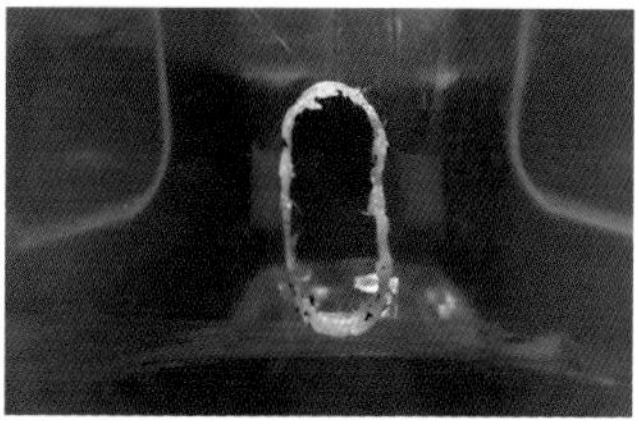

あけた穴。小さなボトル（上）、大きなボトル（下）。

❷　給水タンクの穴を親指でふさぎ、ジョウロに入れた液肥をタンクの口から１㎝くらいのところまで注ぎ入れたら、キャップを閉めます。

❸　液肥をあらかじめ入れておいた栽培層にタンクを置き、あけた穴の上端がちょうど見えなくなる深さまで用土を掘ってタンクを固定します。空気の泡が連続して出る深さが、液肥が流れ出ていく深さです。

❹　給水タンクが設置されたところ。真夏以外は毎日給水タンクの残量を確認します。苗が小さいうちは液肥の消費量は少量ですが、だんだん消費量が多くなってくるので、空になる手前で液肥を補充します。夏場や果菜類を栽培する時は消費が激しいので、日に２回補充することもあります。

ヨーグルトパック、洗濯バサミ入れを栽培層に使う場合

底と側面の境目にハンダゴテを当て、上に動かし、ヨーグルトパックは約1.5cmの長さ、洗濯バサミ入れとゴミ入れは約2cmの長さの穴をあけます。すべて、自分の親指で穴をふさぐことができる大きさにします。

ミニ大根《だいこん》

水耕栽培で大根ができるとは思いもよらなかったのですが、太くなっていく根、生長するにつれ茂っていく葉に驚かされました。そして、今まで食べたどの大根より濃い味をしていました。江戸時代は、板橋・練馬・浦和・三浦半島あたりが特産地となっていました。今日でも食卓に欠かせない野菜です。プラコップの深さには限界があるので、長くなる大根ではなく10㎝程度になるミニ大根を育てます。根の上部が露出するので、立派な青首大根になります。

おすすめの品種：白雪姫二十日大根（日光種苗）

Data

使用する容器

お茶パック　プラコップ

科	：アブラナ科
原産地	：地中海地方や中東
発芽適温	：25℃前後
栄養成分	：根にはビタミンCやジアスターゼ、葉にはビタミンB_1、B_2、C、鉄やカルシウムなどが含まれています。

種まき

秋口から晩秋。1個のスポンジの中央に1粒まきます。

発芽

1〜2日で発芽します。

同じ日数のレタスと比べると、葉に厚みがあり、茎もしっかりしています。

移植

本葉が2〜3枚出た頃にお茶パックに移植します。プラコップの底を抜いて固定します（P.22の倒伏防止コップの作り方参照）。

20日目にして、葉がプラコップの縁を越えるほど大きくなっています。

point

移植はお茶パックにします。パックが倒れないようにプラコップ底部を切り取り、その中にお茶パックをはめ込んで固定します。

葉が放射線状に伸びていきます。

大根の形になってきました。

収穫

70〜80日前後で収穫します。

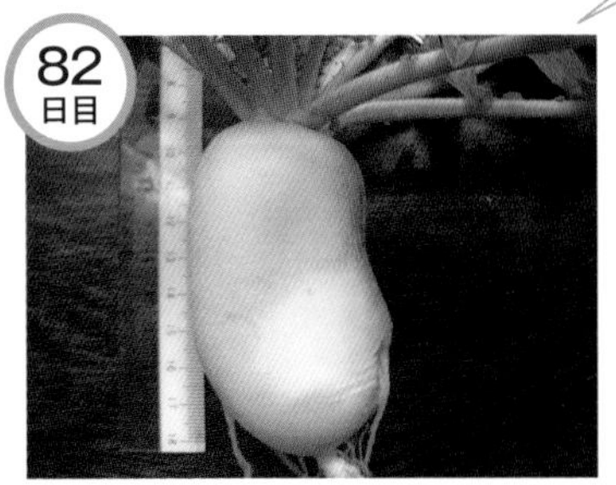

収穫しました。根部の長さは約10cmあります。

保存　葉・茎と根の部分は切り離しましょう。葉・茎はビニール袋に入れて、根は濡らした新聞紙かラップにくるんで冷蔵庫で保存します。

食べ方　肉質が緻密なので、サラダにするより煮物や味噌汁の具材に適しています。

point

受けトレーはコップから出てくる葉の生長に合わせて大きなものに変えていきます。根部が肥大するので40日過ぎた頃にお茶パック上部の横をはさみで切り、用土を足します。

point

収穫時の上から見た写真。葉が広がるので、重ならないようプラコップを移動させながら栽培しました。根が受けトレーにからまないので、コップを摑んで移動させることができます。

撤収

収穫時期が撤収時期です。

黒斑細菌病《こくはんさいきんびょう》

葉に見られる黒褐色の斑点のようなものは「黒斑細菌病」という病気らしく、初めて病気らしい病気を経験しました。市販の殺虫剤などを使う気はなかったので、切り取りながらようすを見て、蔓延したら撤収するつもりで栽培を続けました。市販の大根葉にも見られるものなので、あまり気にしなくてもよいのかもしれません。

ラディッシュ
(赤丸《あかまる》はつか大根《だいこん》)

ラディッシュは、明治初期にヨーロッパから輸入され、栽培がはじまりました。多くの改良種がありますが、どれも育てやすく、短期間で収穫できるお手軽な野菜です。栽培スペースが狭くても、一度にたくさん収穫できるのでおすすめです。

栽培した品種：コメット（タキイ種苗）

使用する容器

洗濯バサミ入れ

Data

科	：アブラナ科
原産地	：ヨーロッパや西アジア
発芽適温	：15～25℃
栄養成分	：根にはビタミンCやジアスターゼ、葉にはビタミン B_1、B_2、C、鉄やカルシウムなどが含まれています。

種まき

通年で栽培できますが、できるだけ真夏は避けます。

洗濯バサミ入れ１個に対して種を40粒ほどまきます。スポンジの場合は、スポンジ１個に対して１粒まきます。

発芽

３～４日で発芽します。

小さな双葉がたくさん出てきました。

移植

スポンジ栽培の場合は本葉が出てからプラコップに移植します。直播であれば必要ありません。

根部が赤くなってきました。

一部を間引きました。

point

直播のみ、混み合ったところを間引きます。ラディッシュは直径２㎝くらいになるので、株と株の間隔が３㎝くらいになるようにします。

収穫

季節にもよりますが、35〜50日。

育ったものを収穫しました。

保存

保存する場合は球部と葉に切り分けて冷蔵庫で保存します。

食べ方

球部はサラダや酢の物に最適ですが、一夜漬けもできます。葉にも栄養があるので、一夜漬けにしたり、味噌汁やサラダの具材にして食べています。

撤収

全部の抜き取り収穫が終わったら撤収します。

point

収穫したラディッシュ。収穫時期になったら、葉を指先で分けながら、こまめに、でき具合を確認します。直径2cmくらいになったら収穫。収穫時期を逸すると球部が割れるので注意しましょう。

キスミーはつか大根

大根の品種の一つで赤系（ダディッシュ）に分類される、白と赤２色のはつか大根です。病気に強く、収穫までの時間が短いのが特徴。栽培しやすい野菜のひとつです。赤丸はつか大根より細長く、サラダに適しています。葉は味噌汁の具材にできます。

40日目に収穫しました。

小《こ》かぶ

日本には弥生時代に伝わったとされるかぶ。『日本書紀』に記載があるほど古くから食べられてきた野菜です。プラコップでの栽培には、あまり大きくならない小かぶが適しています。今回育てたのは、東京金町《かなまち》特産の「金町小かぶ」を改良したもので、この他にも、全国でさまざまな品種が生まれています。

栽培した品種：CR もちばな（タキイ種苗）

使用する容器

プラコップ

Data

科	：アブラナ科
原産地	：アフガニスタンから地中海沿岸の南ヨーロッパ
発芽適温	：20～25℃
栄養成分	：根にはビタミンCやジアスターゼ、葉にはビタミンB_1、B_2、C、鉄やカルシウムなどが含まれています。

種まき

真夏と真冬以外可能です。スポンジ1個に対して1粒まきます。

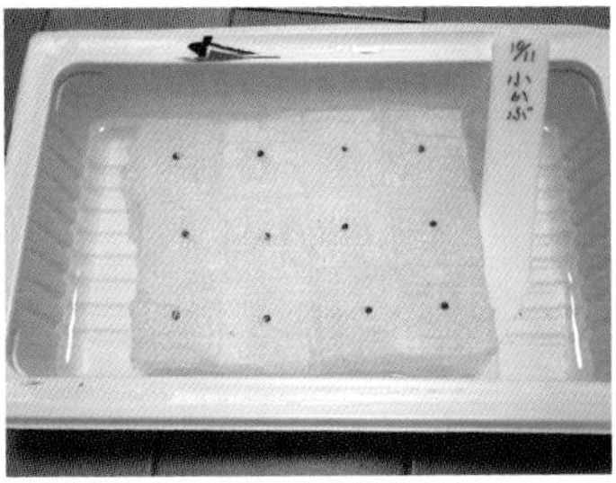

スポンジの中央にまきます。

発芽

2～3日で発芽します。

10日を過ぎて本葉が見え出しました。

移植

本葉2枚が大きくなった頃、移植します。

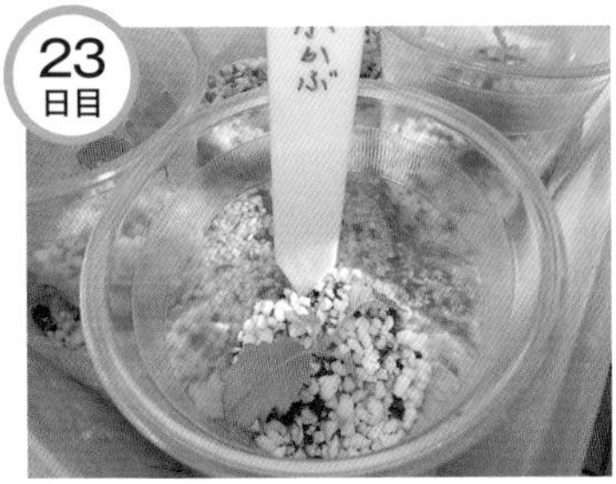

プラコップへ移植しました。

根部が太くなってきました。

だんだんとかぶらしい形になってきました。

収穫

直径５㎝くらいになったら収穫します。

point

大きくなりすぎるとプラコップから抜けなくなります。収穫に適しているのは、ゴルフボール大〜直径５㎝までです。

保存

葉・茎と根(球)の部分を切り離し、別々にビニール袋に入れて冷蔵庫で保存しましょう。

食べ方

やわらかいのでスライスしてサラダにしたり、そのまま煮ます。葉と茎は湯がいていただきましょう。

撤収

収穫時期が撤収時期です。

作り方のバリエーション

使用する容器

お茶パック

お茶パックでの栽培、80日目です。移植をプラコップではなくてお茶パックにしました。お茶パックだけだと倒れやすいので、それを防止するため連結している育苗ポットに入れました。小かぶの葉はやや放射状に茂ります。葉が茂ってきたら、連結ポットを切り離したりして、葉への陽射しが遮られないようにしましょう。

料理にスパイス、

香味野菜類

- 葉にんにく
- にら
- 青じそ
- しゅんぎく（大葉）
- ミツバ

心も癒される、

ハーブ類

- スープセロリ
- ディル
- バジル
- イタリアンパセリ

必要な時に、ちょっと摘んでキッチンへ。
育てながら香りも楽しむ香味野菜やハーブは、
家族の心も穏やかにしてくれます。

葉《は》にんにく

にんにくを水だけで育てます。液肥を使わないので、とても経済的。使い道も多いので日々の料理に重宝します。最近は芽が出ない処理を施して売っていることが多いので、種にんにくを探すようにしてください。ここでは、「姫にんにく」という名称で珍重されている、茎・葉・球根が全部ついた小ぶりのにんにくの葉だけを栽培しています。世界最古の医学書「エーベルス・パピルス」にも薬としての記載があるとか。容器全体に及んでいく根の勢いを見ると、この植物の力強さを実感できます。

栽培した品種：姫にんにく（よしだ家）

Data

使用する容器

深さ 10㎝未満の適当な容器

科	：ユリ科
原産地	：中央アジア
発芽適温	：10～20℃
栄養成分	：タンパク質、ビタミン B_1、B_2、C などのビタミン類、ミネラル、食物繊維と、独特のにおいのもとであるアリシンが含まれています。

準備

にんにく１個を房に分け、皮と底部のかたいところを除きます。深さ10cm未満の容器に用土（バーミキュライト、パーライト、サボテン砂など）を縁から１cmくらい下まで入れます。そこに尖った部分を上にして、にんにくを半分ほど埋めます。少し斜めにすると見えるくらいまで水を容器の縁から注ぎます。

にんにくを房に分けます。

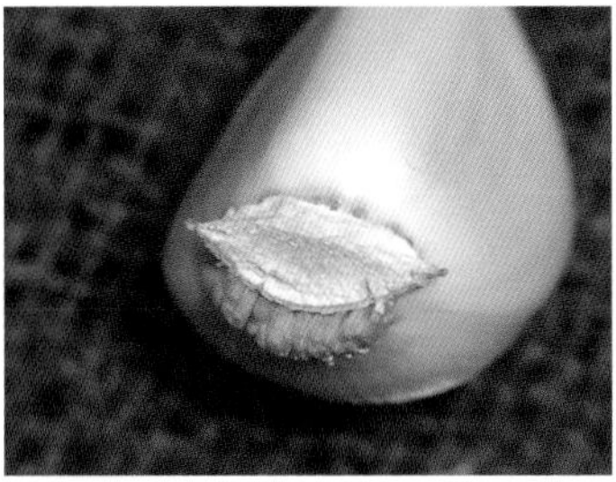

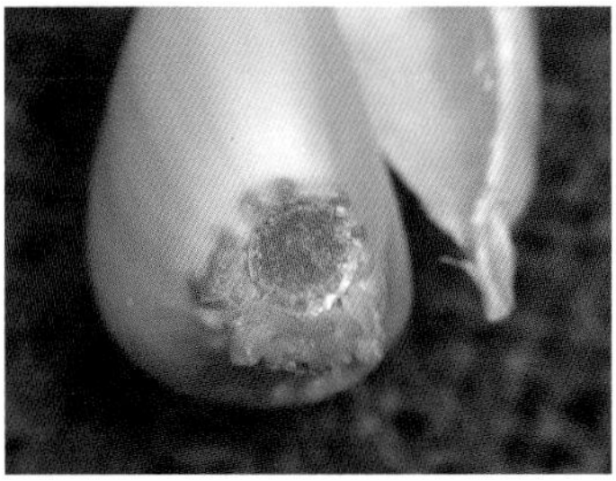

下のかたくて白い部分を取ります（かたいので竹串を使ってつついて取るようにしたほうがやりやすい）。

発芽

２日ほどで先端部から芽が出だします。

時期によっては翌日芽が出てきます。

先端から芽が出てきました。

point

根が生えてくると、球部が盛り上がってきます。根の生長は旺盛で、10日くらいで容器全体を占め、横にしても落ちなくなります。

あと２日ほどで収穫サイズになります。

収穫

葉丈が17～18cmになったら、下部の1cmを残して切り取りましょう。残したところからまた葉が伸びてきます。

切り取った葉。

1cmほど芽を残します。

葉を長く伸ばして茎と葉に分けると、茎にんにく、葉にんにくとして利用できます。この場合は30cmほどに伸びるまで待ちます。

保存　野菜袋に入れて冷蔵庫で保存しましょう。

食べ方　葉は刻んで餃子の餡にしたり、大きめに切ってラーメンや野菜炒めの材料にします。もちろん、根の部分も食べられ、これも刻んで餃子に入れたり、納豆に混ぜたりしていただきます。

撤収

切り取りを繰り返していくうちに、球部は細くなっていきます。4～5回切り取ると球部が黒ずんで朽ちてくるので撤収します。土に埋めると、運がよければ翌年新芽が出てくることもあります。

にら

『古事記』や『万葉集』にも記載がある古い野菜です。刈り取り収穫するごとに葉の質がよくなる他、市販サイズまで伸びる前に収穫すれば、スジがないやわらかな食感を楽しめます。多年草で、冬に枯れても春には芽を出す野菜です。ある年、葉が変色してとろけるようになくなってしまったことがあります。水耕栽培の限界かとがっかりしていたところ、また、芽が出てきました。本当に嬉しく、愛おしかったです。元気ももらえました。

栽培した品種：大葉ニラ（サカタのタネ）

Data

科	：ユリ科
原産地	：中国西部
発芽適温	：20℃前後
栄養成分	：カロチンを豊富に含みます。また、においの元である硫化アリルには、血液の循環をよくする働きなどがあります。

使用する容器

お茶パック

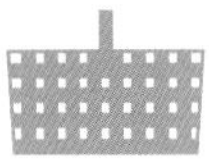

洗濯バサミ入れ

種まき

春先か秋口、お茶パックに直播します。

大葉にらを栽培します。

point

空気穴をあけた鉢に水切りネットを入れ、そこに混合用土（P.111参照）を９分目まで入れたら、割り箸で直径1.5㎝程度の深い穴を掘ります。お茶パックからにらの苗を出して穴に入れ、割り箸で押さえ入れて穴を用土で覆います。受けトレーに液肥を入れ、終日日陰に置き、根の安定を待ちます。

苗をお茶パックから出します。

穴に苗を入れ、根を割り箸で押し込みます。

発芽

３～４日で発芽します。

発芽しました。

殻の帽子を被ったようすがかわいい。

移植

お茶パックに根がほんの少し出だした頃、鉢に移植し（1回目）、鉢から根が出た頃、洗濯バサミ入れに移植（2回目）。洗濯バサミ入れから根が出た頃（210日目あたり）、直径40㎝くらいの水切りカゴに3回目の移植をします。

根が太いので、お茶パックのままでは根が伸びません。鉢へ１回目の移植をしました。

花芽が出現。切り取りました。

洗濯バサミ入れへと2回目の移植。

収穫

約100日経って、葉丈が17cmくらいになったら切り取り収穫します。

切り取ったにら。葉丈は17〜18cmあります。

茎元の結晶成分。

point

液肥を水道水で作っているためか、栽培日数が長くなるにらは用土と茎の境目に白いカルキのような結晶状のものがつきます。切り取りをした時につまむように引き上げると取れます。

保存　葉先が折れないように、新聞紙やキッチンペーパーなどでくるんでから冷蔵庫で保存しましょう。

食べ方　にらと卵のスープ、野菜炒め、ラーメン、おひたしにと使い道は多く、餃子の餡にしてもよいでしょう。

撤収

多年草なので、現在も栽培中。

青じそ

しそは中国原産の一年草で、本来は赤じそのことをいいます。青じそはその変種で「大葉」とも呼ばれます。生産は愛知県が全国一だとか。自分で栽培したしその葉がスーパーで買うものよりも大きくなって感激しました。1枚あれば薬味にするには十分なほどです。含まれるカロテンの量は野菜の中で一番です。

栽培した品種：大葉青しそ（サカタのタネ）

使用する容器

洗濯バサミ入れ

Data

科	：シソ科
原産地	：ヒマラヤ、ミャンマー、中国
発芽適温	：25～30℃
栄養成分	：カロチン、ビタミンB_1、B_2、C、鉄など。

種まき

夏に間に合うように4月中にすませます。スポンジ1個につき2粒まきます。

発芽

約1週間後、発芽します。

途中寒い日が続いたので、本葉6枚になるまで倍（ハイポニカで1000倍）に薄めた液肥で栽培しました。気温がそれほど低くなければ、通常の液肥での栽培で OK です。

移植

本葉が4枚出た頃、洗濯バサミ入れに移植します。

洗濯バサミ入れに移植。

収穫

手の平サイズになった頃、初収穫します。

葉が市販の倍以上のサイズに。初収穫しました。

丈が30㎝以上になったら支柱を立てます。

106日目

液肥消費が激しくなり、
丈も50cm以上に。

point

丈が高く伸びるので栽培スペースを確保する必要があります。また、夏の暑さで液肥の蒸発が早まり、しそそのものの液肥の消費も激しくなるので、受け皿を給水タンク(ペットボトル)の数に合わせて大きくする必要が出てきます。

148日目

丈が70cmを超え、花芽がつきだしました。

155日目

きれいな穂じそに。

保存

たくさんできる穂じそは塩漬け保存します。葉は茎を長めに切り取り、1cmほど水を張ったビンに、葉に水がかからないように入れて冷蔵庫で保存します。

食べ方

しそ味噌を作って、ごはんのお伴にすると最高です。塩じそは、きゅうりと和えたり、サラダに入れたりしても香りがあっておいしくいただけます。

撤収

葉の縁の変色が目立ってきたら撤収します。

point

切り取った穂じそ。

実と葉に分け、実は塩漬けやしそ味噌にしました。

しゅんぎく（大《おお》葉《ば》）

春に花を咲かせること、葉が菊に似ていることから「春菊」という名がついたそう。ヨーロッパでは観賞用にする植物で、食用にするのは東アジアだけだとか。大葉と中葉があり、葉の切れ込みが少ない大葉は、香りが弱いものの、葉が肉厚で大きくてやわらかく、味にくせがありません。収穫量が多くなるので、我が家では、最近は大葉ばかり栽培しています。プラコップ1つに2粒まき、プラコップ5つで10株の収穫は、1回に食べるには十分。ただ、切り取り収穫するものではないので、それ以上の量を確保するには2～3層が必要になります。

栽培した品種：大葉春菊（サカタのタネ）

使用する容器

プラコップ

Data

科	：キク科
原産地	：地中海沿岸
発芽適温	：20℃前後
栄養成分	：ビタミンB_1、B_2、E、カルシウム、カリウム、鉄分などが豊富。

種まき

湿らせたスポンジ１個に対して2粒まきます。暖かい時期に栽培すると、日照時間の長さと高温で抽苔《ちゅうだい》（とうだちとも言い、気温や日長によって花をつけた茎が伸び出すこと）や開花が早くはじまります。春まきより秋まきをおすすめします。

発芽

およそ５日で発芽します。

移植

本葉が3～4枚になった頃(だいたい14日目)、移植します。

移植と同時にアルミ箔でトレーを覆っています。

レタスと同じで、40日を超えると生長が早くなります。

しゅんぎくらしい葉の形になってきました。

point

土栽培では摘心《てきしん》（P.109参照）して、脇芽を伸ばす方法が主のようですが、水耕栽培では栽培時間が長すぎて株に負担がかかるため、15㎝丈になったら（最大でも20㎝）収穫撤収します。

収穫

丈15～20㎝になったら収穫します。

差はありますが、20㎝を超えた株が多く、収穫サイズになっています。

point

3～4枚を残して切り取ると切り口から脇芽が出てきますが、ゆっくり生長します。そのため、全部収穫して新たに種をまいたほうが効率的です。

保存

野菜袋に入れて、できれば茎を下にして立てて冷蔵庫で保存しましょう。

食べ方

我が家では鍋の材料にするか、ごま和えにしたり、ハーブバターにします。ハーブバターの場合は、細かく刻んでバターに混ぜ込み(刻んだにんにくを少し加えます)、アルミ箔で包んで冷凍庫で保存し、魚のホイル焼きなどにその都度使います。サンドウィッチに塗って、レタスとツナをはさめばちょっと大人のツナサンドにも。葉がやわらかく香りも弱いので、サラダに入れてもおいしく食べられます。

撤収

収穫時に撤収します。

しゅんぎく
(中葉)

葉の切れ込みが多い中葉は、味は大葉と変わりませんが、香りが強いのが特徴です。

ミツバ

レタスと並んで水耕栽培で作る代表的な野菜。今日では水耕で栽培されたミツバが一年中出荷されています。ミツバはセリの仲間で日本原産。まさに日本を代表するハーブです。名前の由来は葉が3つに分かれているようすから。お吸い物や茶碗蒸しといった和食を作る時、自家栽培したミツバを加えるのもおつなものです。香味野菜類は一般的に発芽に時間がかかります。容器内の水がなくならないよう乾燥に注意しながら、気長に発芽を待ちましょう。

栽培した品種：三ツ葉（アタリヤ農園）

使用する容器

プラコップ

Data

科	：セリ科
原産地	：日本
発芽適温	：18～25℃前後
栄養成分	：ビタミンCやカロチン、カルシウム、鉄分などが豊富。

種まき

暖かくなった4月後半～6月、あるいは、8月後半～9月が種をまくのに適しています。温度が低すぎると、発芽・生長しません。スポンジ1個に対して5粒まきます。

発芽

10日前後で発芽します。

11日目

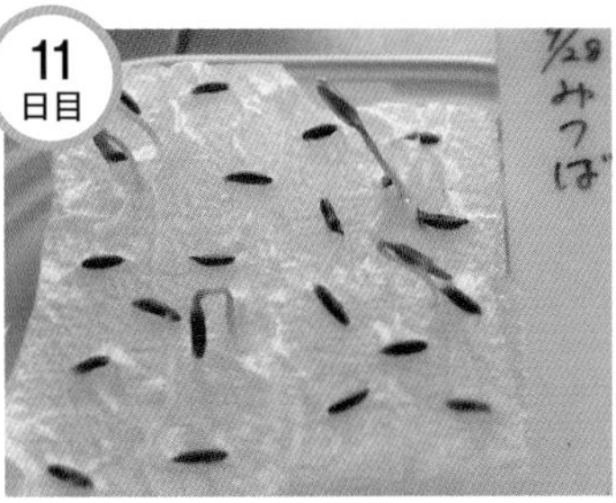

幼葉が出ました。

移植

本葉が2～3枚出てきた頃、移植します。

38日目

やっとコップの縁から葉が出はじめました。

47日目

葉は市販サイズより大きい。

point

夏の直射日光を受けると葉がかたくなります。日光が直撃しない場所に置くか、寒冷紗などで陽射しを遮りましょう。

74日目

葉数が多くなります。

収穫

約90日前後で収穫できます。

葉が密集し切り取り時期になりました。

初収穫で切り取ったミツバ。

point

茎元2～3cmを残して切り取り収穫していきます。切り口横から新芽が出、また生長していきます。

保存

切り取ってビニール袋に入れて冷蔵庫で保存します。

食べ方

お吸い物などの和食の香りづけに。味噌汁に入れてもよいでしょう。

撤収

茎がかたくなって葉が出てこなくなったら撤収します。

point

花芽・花蕾が出ても、摘み取れば葉がまた生長してきます。二年草なので翌年も収穫できますが、根張りが旺盛なので、2年を待たずに撤収したほうがよいでしょう。

スープセロリ

セロリの原種とされているハーブです。香りはセロリそのものですが、セロリほど太くありません。葉はイタリアンパセリそっくりで、イタリアンパセリと同じように、外側の葉から切り取って収穫します。やわらかい葉や茎はサラダにもできますが、その名の通りスープの材料に適しています。香りが肉の臭みを消すことから、肉料理の下ごしらえに使ったり、刻んで薬味に利用することも。生命力旺盛で、類を見ないくらい根張りが盛んです。生長も早く、どんどん新しい葉が出てきます。液肥受けトレーを何度か交換することになったほどです。

栽培した品種：ミニホワイト（タキイ種苗）

Data

使用する容器

洗濯バサミ入れ

科	：セリ科
原産地	：地中海沿岸、アジア西部
発芽適温	：15～25℃
栄養成分	：ビタミンA、C、ミネラル、食物繊維などが豊富。

準備

２株13本あった市販の苗を洗濯バサミ入れに移して栽培開始。使用した洗濯バサミ入れの大きさは縦20cm×横11cm×高さ11cmで、100円ショップで購入したもの。持ち手は外しました。この日を1日目として栽培日数をカウントしています。

1日目

栽培層に苗をセットしました。

26日目

20日経過するくらいから、セロリ独特の香りが漂ってきます。

収穫

100日を過ぎた頃、葉丈が20cmを超えたら収穫をはじめます。

104日目

次々と葉が出てきます。外側の葉から切り取り収穫します。

point

切り取る時期を逸すると葉がかたくなります。そんな場合は、文字通り、スープのダシをとるために使いましょう。

119日目

液肥受けトレーが根でいっぱいに。

液肥受けトレーを替えても、さらに根が張り出していきます。

point

根張りに合わせて液肥受けトレーを大きくしていきます。撤収までの172日目までに3回ほど液肥受けトレーを替えることになります。根張りが旺盛で、根の上についた藻を歯ブラシでこすって落としてもビクともしません。

葉丈は30cm 以上になり、栽培棚 1段を占領してしまいました。

保存

野菜袋に入れて冷蔵庫に保存します。

食べ方

葉は粗い千切りにして、茎は縦半分に切ってサラダにします。中華スープのダシ汁にしてもよく合います。細かく刻んで、オリーブオイルや塩と一緒に肉や魚を漬け焼きにしてもおいしくいただけます。

撤収

花蕾が出たら撤収します。

花蕾が出たので撤収しました。

point

二年草ですが、栽培層を次々と大きくしていかなければならず、場所をとります。そのため、花蕾が出た段階で撤収としました。

ディル

地中海沿岸原産で、紀元前4000年代から栽培されている歴史の古いハーブです。ディルの語源は、古代ノルウェー語で「穏やかにする、なだめる」を意味する「dilla」。その鎮痛作用・消化作用が注目されてきました。ヨーロッパでは広く料理に使われていて、魚料理との相性がよいので「魚のハーブ」ともいわれています。我が家では1.5mもの高さに生長し、細くて繊細な葉が風に揺れる様は、どこか優雅ささえ感じられるほどでした。

栽培した品種：ディル（タキイ種苗）

Data

使用する容器

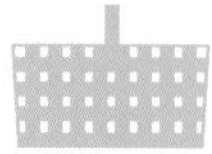

洗濯バサミ入れ

科	：セリ科
原産地	：地中海沿岸、アジア西部
発芽適温	：16～24℃
栄養成分	：カリウム、硫黄、ナトリウムなどが豊富。

種まき

スポンジ１個に対して２粒まきます。通年まけます。

発芽

7～16日で発芽します。

19日目

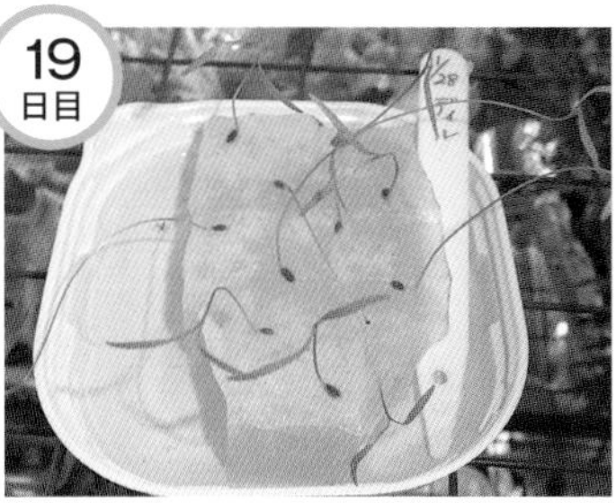

時期にもよりますが発芽日数は7～16日です。徒長しやすく、幼葉も細長いです。

移植

本葉が２～３枚になったら、連結ポットに移植して、葉が茂り出し、しっかりしてきたら、洗濯バサミ入れに再移植します。

33日目

連結ポットに移植しました。用土はバーミキュライトです。

75日目

葉も茂り出し、２回目の移植をしました。

収穫

70～90日目、脇枝が10本くらい出たら収穫できます。下のほうから葉をとっていきましょう。

95日目

葉が茂って10枚以上になっています。外側から切り取り収穫します。

point

切り取った葉。茎ごと花瓶に入れてキッチンに置き、使うごとに摘んでいきました。キッチンが爽やかな香りで満たされます。

背丈も1.5mになり花蕾も出てきました。そろそろ撤収時期です。

保存

その都度に収穫して使います。

食べ方

鮭との相性がよく、マリネにしたり、生鮭の漬け焼きにしてもおいしくいただけます。バジルソースのディルバージョンも使い道が広く、1回分ずつを冷凍しておくと重宝します。カルパッチョに使ってもよいでしょう。チーズトーストを作る時、焼く前に適当にちぎってチーズの上に散らしてもおいしいし、葉を刻んでバターに練り込んだものをトーストに塗ってもよいでしょう。クリームチーズに練り込むとおつまみになります。

point

130日目に花が咲いた1本を撤収。花も写真のように蕾が小さいうちに摘み取ってオリーブオイルやビネガーに漬けます。よいオイルになります。大きく咲いた花も同じように漬け込めます。秋まきにすれば花が咲くまでの期間が長くなるので、秋まきをおすすめします。

撤収

花蕾が出てきたら撤収します。

バジル

和名は「メボウキ」。バジルの種子は水分を含むと約30倍に膨れ、繊維物質を豊富に含んだゼリー状の物質で覆われます。それが目の汚れをとる目薬として輸入されたため「メボウキ」の和名がついたそうです。水耕栽培はハーブ類を育てるのに適しているので、葉がびっくりするほど大きくなります。さらに、市販品と比べるとやわらかく、風味がよくなります。栽培層が小さくても元気よく育つことにも驚かされます。

栽培した品種:スイートバジル(タキイ種苗)

使用する容器

ヨーグルトパック

Data

科	：シソ科
原産地	：熱帯アジア
発芽適温	：20～25℃
栄養成分	：カリウム、ナトリウムなどが豊富。

種まき

スポンジ1個に対して2粒まきます。気温が25℃以上になると生長が早くなるので、種まきは4月末～5月上旬がベスト。

発芽

11～14日目に発芽します。

やっと本葉が見え出しました。

移植

本葉が大きくなったら移植します。

鉢に移植しました。

45
日目

寒かったせいか、発芽以降の生長が遅く、「発芽・発育温度は20℃以上」の意味を痛感。

収穫

70～80日経って葉が大きくなったら収穫できます。

84
日目

気温が高くなったあとの生長スピードは強烈で、市販サイズの６倍の大きさに。

point

脇芽をそのままにしておくと横に枝が伸び、こんもりとした株になっていきます。栽培スペースが狭い場合は脇芽を除くようにして丈を伸ばします。栽培スペースを考えながら、脇芽摘みと切り取りをおこなってください。

90
日目

葉の大きさは小さくなってきます。市販サイズです。

91
日目

91日目から花芽がつきだしました。花蕾を摘み取って栽培を継続していきます。全部の枝に花芽がつきだしたら撤収時期です。

保存

撤収時に摘み取った葉は、ジェノベーゼソースにして冷凍保存すれば、パスタや和え物などに使用できて便利です。

食べ方

にんにくやトマトとの相性がよいので、イタリア料理にもってこいの食材です。

point

バジルの種殻

バジルは日本の寒さには適応しないようで、秋になると生長が遅くなります。もし、種をとるなら9月末頃からがよいと思います。3～4本の花房を残してあとの枝を切り取ってしまえば液肥の消費も抑えられます。褐色になって黒い種が顔を出したら、房を切り取って新聞紙を敷いたザルにのせて干し、乾燥させます。ビニールの小袋に入れ、年月日を記載して冷蔵庫で保存します。この種は2～3年間であれば、発芽し、栽培できます。

撤収

収穫時期が撤収時期です。

イタリアンパセリ

栽培に湿気が必要なパセリは、水耕栽培に適しているハーブです。イタリアンパセリはイタリアで主流のパセリで、縮れた葉ではなく、パーレスとも呼ばれ、セロリを小さくしたような平たい葉をしています。普通のパセリより苦みが少なく、芳香があり栄養価も優れています。必要な分だけ切り取っていけば、年中緑色の葉が収穫できる二年草です。

栽培した品種：イタリアンパセリ（サカタのタネ）

使用する容器

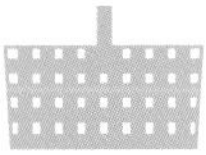

洗濯バサミ入れ

Data

科	：セリ科
原産地	：地中海沿岸
発芽適温	：20℃前後
栄養成分	：ビタミンA、B、C、カルシウム、鉄分を多く含んでいます。

種まき

真夏と真冬以外がおすすめです。スポンジ１個に対して３粒まきます。

発芽

約9〜12日で発芽します。時間がかかるので、水切れしないよう注意します。

うどんこ病

梅雨時にうどんこ病（カビによって、葉などがうどん粉を散らしたように見える病気）にかかったため、その葉を全部除き、日当りのよい場所に移しました。その結果、病気を蔓延させずにすみました。

移植

本葉が4枚になった頃。大きく生長させるために育苗ポットへ、さらに洗濯バサミ入れへと2回移植します。

育苗ポットへ１回目の移植をしました。

point

初めから洗濯バサミ入れに移植する場合は、10日目あたりから水を液肥に変えたほうが、株がしっかりします。

1回目の移植のやり方

育苗ポットを切り離し、ポットの底に水切りネットを置き、混合用土（P.111参照）を底から４分の１まで入れ、苗を置きます。

ポットの横から用土を入れていきます。

長く伸びた茎を折らないよう、楊枝などで優しくどけながらスポンジが隠れるまで覆っていきます。

ポットを水切りトレーに置き、液肥を１cm深さに入れます。

周囲をアルミ箔で覆います。

給水タンクのペットボトルに液肥を入れ、タンクスペースに置きます。

収穫

約70日目から。初収穫は1本に小さな葉が12枚くらいついた頃から。たくさん切り取ると株が弱るので、10本（枚）以上は残します。一方、切り取りを怠ると、葉が黄ばんでくるので注意します。

切り取った葉。

２回目の移植をしました。

２回目の移植のやり方

洗濯バサミ入れに水切りネットを入れ、混合用土を容器の３分の２まで入れます。この時、株を入れる穴を作ります。

育苗ポットの穴から出ている根を傷つけないように、ポットから株を取り出します。

容器の穴に株を入れ、隙間を用土で埋めていきます。

さらに、根元が出ないようにバーミキュライトで覆います。

受けトレーに入れて完成。

125日目

保存

水を入れた容器に挿しておいたり、キッチンペーパーで包んで野菜袋に入れて冷蔵庫で保存します。また、乾燥させてドライハーブにしてもいいでしょう。

食べ方

サラダやパスタに散らしたり、オイルやビネガーに漬け込んで調味料として使います。細かく切って卵焼きに入れてもよいでしょう。

撤収

花蕾が出てから。最初は、花蕾を摘んでいきますが、摘んでも生長しなくなったら撤収します。

point

夏場は強い陽射しで葉が厚くなります。できるだけ直射日光の当たらない半日陰に置いたほうが香り豊かなものを収穫することができます。

藻について

光と水があれば藻は発生します。水耕栽培でも例外ではありません。
藻がつかないようにする方法とついてしまった場合の対処について記載します。

コップ栽培用土の上についた藻

藻は、根に直接つかなければほとんど問題ありませんが、根に繁茂すると根腐れの原因になりますし、栄養分の吸収もできなくなります。光が当たらなければ藻はつかないので、アルミ箔を切って栽培層を覆うと藻の発生を少なくすることができます。栽培層のコップとタンクを置く位置に穴をあけたアルミシートを敷くと、藻の発生予防だけではなく、蒸発による液肥消費も防ぎます。シートは栽培が終わったあと、きれいに洗うと繰り返し使えます。ベランダで栽培する場合、移植したばかりの時期から初収穫の時期まではアブラムシ対策にもなります。

予防 アルミ箔で覆う

❶ アルミ箔を4枚、5cm幅に切ります。

❷ 周囲を覆います。

予防　アルミシートを作る

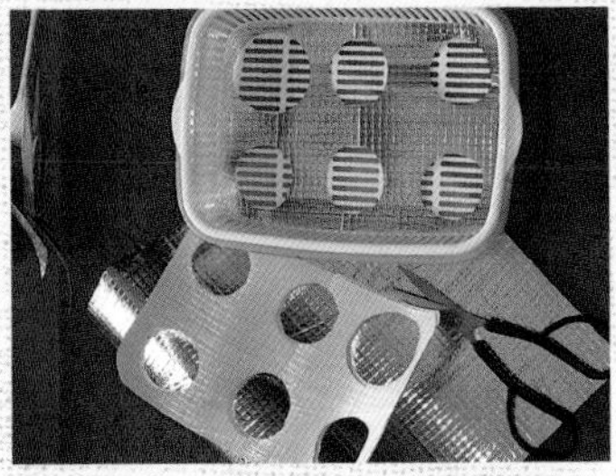

❶　まず、アルミシートを水切りトレーの大きさに切り、そこにコップとタンクの底と同じ大きさの穴をあけます。

100円ショップのアルミシートを利用。

❷　用土をトレーに入れ、全体をアルミシートで覆っています。小さな穴はプラコップ用、大きな穴はタンク用です。

対策　藻がついてしまった場合の対処法

液肥受けトレー：トレーを取り出して液肥を捨て、水を入れたバケツなどの容器の中できれいに洗います。

鉢：鉢についた藻は、たわしでよく洗います。

栽培用土：水を入れた大きな受けトレーの中で栽培層そのものを揺すって藻を落とします。ふり洗いする要領です。用土が少なくなるので、その後、用土を補充します。

根とその周辺：大きな受けトレーに置いて指で藻を落とします。

水切りトレー：たわしや使い古しの歯ブラシでこすり落とします。

ベランダで水耕栽培

ラックやビニールハウスをベランダに設置する

水耕栽培はベランダで行うことができます。栽培層を置く棚は、1段で水切りトレーが3つ置ける広さがある3段式ラック（市販）から始めるとよいでしょう。背面に支柱を渡せば防虫ネット（P.158参照）を固定できます。雨が液肥受けトレーに入ってもそのままで大丈夫。台風の時は大きな栽培層は窓際に寄せ、小さな層は室内に避難させます。冬場も簡易ビニールハウスで栽培が継続できます。

三段式ラック。棚高を調節して栽培に適した高さにします。この写真では1段目はミニカリフラワー、2段目は葉ねぎ、3段目はスティックブロッコリー（倒れないようにレンガで囲っています。ブロックも可）を置いています。

最上段は骨組みに支柱をつければ、ここにも防虫ネットが固定できます。

晩秋には、簡易ビニールハウスを置きましょう。ビニール紐をハウス上部に回して柵に固定します。冬場は最下段に保温装置を入れれば、ビニールハウス内の保温ができます。

暖かくなればビニールを外して枠だけを使います。

保温装置の作り方

冬期のベランダ栽培には簡易ビニールハウスが有用になってきます。熱帯魚用ヒーター（25℃）とエアー発生装置を使って保温装置を作ります。コンセント接合部は耐水性ではありませんので、エアコンダクト管をホームセンターで購入し、穴に対して垂直に半分に切り開き、コンセント接合部を中に入れて防水ガムテープで覆います。バンジュウ（写真の緑の容器・P.109参照）の３分の２まで水を入れて完成です。外気温7℃以下になったら保温装置を稼働させます。外気温７℃以下でもハウス内を10℃以上に保つことができます。

※真冬にビニールハウス内で栽培する時、気温が７℃以下になったら保温装置を稼働させますが、一日中保温するとハウス内の湿度が高くなります。液肥消費もなくなってきます。そのため、たとえ寒くても一日1回、半日程度は開けて、湿気を逃がすようにしましょう。

熱帯魚用ヒーター（上）とエアー発生装置（下）

エアコンダクト管を半分に切り開いて接合部を中に入れ、防水ガムテープで覆います。

ベランダで水耕栽培

防虫ネットの作り方

ベランダ栽培では虫が寄ってきます。その被害を防ぐために栽培層を防虫ネットに入れます。

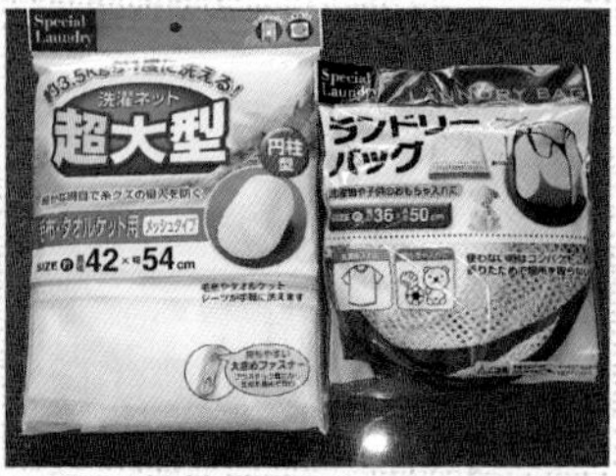

準備：洗濯ネット
（42×54cm、円柱型）
ランドリーバッグ
ビニールテープ
ホチキス

❶ ランドリーバッグを袋から出し、広げます。

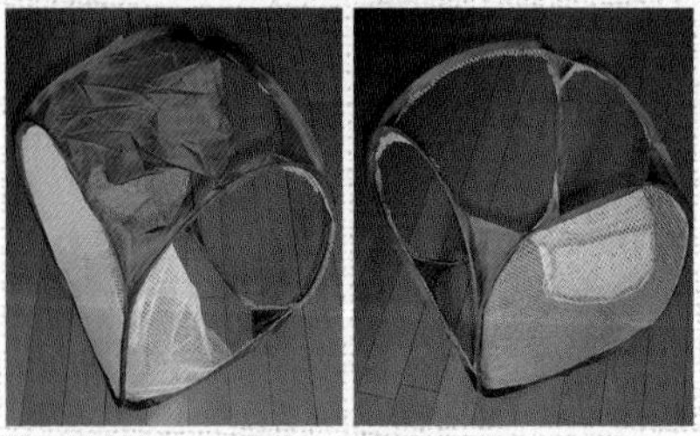

❷ 持ち手と底部、3側面をワイヤーから2cmのところで切り取ります。使わない時に収納できるようポケット部の面は残します。

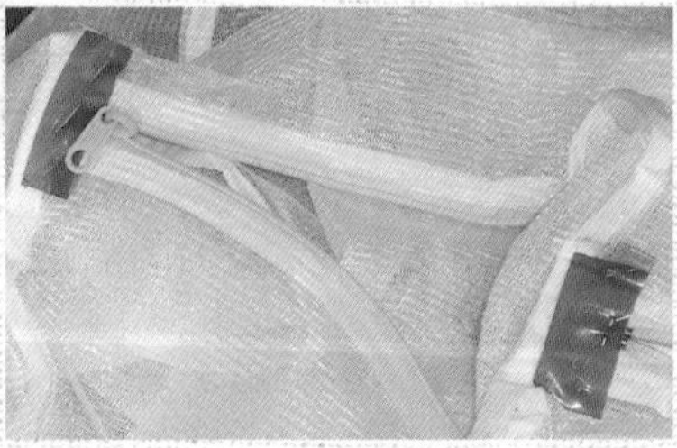

❸ ビニールテープを洗濯ネットのファスナー両端の２か所の表裏をはさむように貼りつけ、ホチキスで各々3か所留めます。

❹ ランドリーバッグのワイヤーを畳んで洗濯ネットに入れ、切り取っていない面をファスナーの位置より下にくるように広げます。

防虫ネットの設置方法

防虫ネットが仕上がったら、ベランダに設置した棚の上に防虫ネットを置き、ランドリーバッグのワイヤーが倒れないように洗濯バサミで棚網にはさみつけます。液肥補給がしやすいように給水タンクが手前にくるように栽培層を入れます。

❶ 防虫ネットを棚に置きます。

❷ 棚網ごしに洗濯ばさみで防虫ネットをはさみます。

❸ 栽培層を防虫ネットに入れます。

著者　河村毱子

北里大学衛生学部卒。川崎市役所入所、予防医療に携わったのち、市立病院検査科に勤務。2008年定年退職後、水耕栽培研究家の伊藤龍三氏に師事し現在に至る。自宅マンションのベランダで年間50種の野菜とハーブなどを水耕栽培し、菜類はほとんど買わない生活を過ごしている。神奈川県川崎市在住。

ブログ「まりちゃんのベランダ水耕栽培」
http://ameblo.jp/miimama0718/

本書に出てきた種や苗、
液肥の購入先

- ●サカタのタネ
  https://shop.sakataseed.co.jp/
- ●タキイ種苗
  https://shop.takii.co.jp/
- ●日光種苗
  http://nikkoseed.com/
- ●日本デルモンテ
  https://delmonteagri.co.jp/
- ●フタバ種苗
  http://www.futaba-seed.co.jp/
- ●アタリヤ農園
  ☎ 0478-83-3125
- ●ホームハイポニカ e ショップ
  https://homehyponica.net/

※時季によって取り扱い商品が変わることがあります。
※種や苗は種苗店で取り寄せられます。
※本書に出てくる“栽培した品種”の中には、2020年8月現在、メーカーによっては販売されていないものもあります。

編集　fire×water
デザイン　津嶋デザイン事務所
写真　KIM NGUYEN（P44）、LianeM（P63）、Moolkum（P69）、JIANG HONGYAN（P73）、ittipon（P96）、WitthayaP（P102）、sunsetman（P114）、photopixel（P117）、ra3rn（P124）、eye-blink（P130）、Reika（P136）、sunsetman（P139）、ffolas（P145）、Maks Narodenko（P149）、Alliance（cover）/Shutterstock.com
イラスト　森ひろ子

監修　伊藤龍三

水耕栽培ブログ「いつでもレタス」主宰。最終職業は東京湾水質調査船の船長。水耕栽培に興味を持ち、独自の水耕栽培方法を考案、特許取得。ザルやカゴで場所を問わずに簡単で安価にできる水耕栽培法が、新聞・雑誌・テレビなどで幅広く紹介され、大きな反響を呼んでいる。著書に『いつでもレタス！』（文芸社）、『100円グッズで水耕菜園』（主婦の友社）、監修本に『室内《うちなか》菜園のすすめ』（家の光協会）がある。神奈川県横須賀市在住。

ブログ「いつでもレタス」
http://azcji.cocolog-nifty.com/blog/

本書の内容に関するお問い合わせは、お手紙かメール（jitsuyou@kawade.co.jp）にて承ります。恐縮ですが、お電話でのお問い合わせはご遠慮くださいますようお願いいたします。

＊本書は2014年4月に小社より刊行いたしました『いつでもお部屋で！　とれたて野菜』を改題の上、一部修正を加えたものです。

土を使わない安心・安全な水耕栽培
だれでも簡単、40種類以上！
おうちでとれたて野菜

2020年8月20日　初版印刷
2020年8月30日　初版発行

著者　河村毱子
監修　伊藤龍三

発行者　小野寺優
発行所　株式会社 河出書房新社
〒151-0051
東京都渋谷区千駄ヶ谷 2-32-2
電話　03-3404-1201（営業）
03-3404-8611（編集）
http://www.kawade.co.jp/
印刷・製本　三松堂株式会社
Printed in Japan　ISBN978-4-309-28815-4